Carmen Sylva

Seelengespräche

Andachten der Elisabeth zu Wied,
Königin von Rumänien (1843-1916)

Herausgegeben und mit einem Nachwort
versehen von Silvia Irina Zimmermann

Carmen Sylva, geborene Prinzessin Elisabeth zu Wied und ab 1881 die erste Königin von Rumänien (1843-1916), veröffentlichte zahlreiche literarische Werke (Gedichte, Theaterstücke, Märchen, Erzählungen, Aphorismen, Essays und Romane), die von 1880 bis 1916 weltweit ein breites Publikum fanden. Der Band „Seelengespräche" enthält religiöse Texte, die die Königin im Jahr 1884 ihrer Mutter, Fürstin Witwe Marie zu Wied, zum 59. Geburtstag in einer gebundenen Handschrift mit der Widmung schenkte: „Meiner Mutter, meinem Religionslehrer und Vorbild auf dem Erdengange". Der Band erschien als Buch zuerst 1888 in rumänischer Übersetzung in Rumänien und im Jahr 1901 im Bonner Verlag Emil Strauss in einer ersten und bisher einzigen deutschsprachigen Auflage. Diese Neuauflage der „Seelengespräche" enthält den gesamten Originaltext der Erstauflage sowie ein Nachwort zum Leben und Werk Carmen Sylvas.

Die Herausgeberin Silvia Irina Zimmermann veröffentlichte mehrere Bücher über die dichtende Königin. Sie ist Initiatorin und Leiterin der Forschungsstelle Carmen Sylva des Fürstlich Wiedischen Archivs in Neuwied.

Carmen Sylva

SEELENGESPRÄCHE

Andachten der Elisabeth zu Wied,
Königin von Rumänien (1843-1916)

Herausgegeben und mit einem Nachwort
versehen von Silvia Irina Zimmermann

Edition Noëma

Bibliografische Information der Deutschen Nationalbibliothek
Die Deutsche Nationalbibliothek verzeichnet diese Publikation in der Deutschen Nationalbibliografie; detaillierte bibliografische Daten sind im Internet über http://dnb.d-nb.de abrufbar.

Bibliographic information published by the Deutsche Nationalbibliothek
Die Deutsche Nationalbibliothek lists this publication in the Deutsche Nationalbibliografie; detailed bibliographic data are available in the Internet at http://dnb.d-nb.de.

ISBN-13: 978-3-8382-1418-4
Edition Noëma

Printed in the EU

Für Kai-Otto

Königin Elisabeth von Rumänien (Carmen Sylva)
mit ihrer Mutter, Fürstin Witwe Marie zu Wied, 1888.

Inhaltsverzeichnis

Seelengespräche

Diese kleinen Andachten schrieb ich für den Hausgottesdienst meiner Mutter, wenn sie nicht kräftig genug, eine wirkliche Predigt zu lesen.

Carmen Sylva

1. Andacht: Seelenstärke

Die Worte, die unserer Andacht zu Grunde gelegt sind, finden wir verzeichnet im Briefe Pauli an die Römer, im 15. Kapitel, im ersten Verse:

„Wir aber, die wir stark sind, sollen der Schwachen Gebrechlichkeit tragen und nicht Gefallen an uns selber haben."

In dieser heiligen Stunde, in der wir strenge Rückschau halten wollen, um dann freudig auszublicken, müssen wir uns drei ernste Fragen vorlegen, drei Fragen, die wir nicht mit Worten, sondern nur mit unserm Wandel beantworten können: Sind wir stark? Tragen wir die Schwachen? Haben wir Gefallen an uns selber?

Sind wir stark und was heißt stark sein? Wir wollen nur in uns hineinschauen und uns fragen, wann wir stark gewesen in dem vergangenen Jahre. Haben wir eine leichte Pflicht gern erfüllt, ohne Opfer zu bringen, ohne Entbehrungen zu tragen, ohne Versuchungen widerstanden zu haben? Das war nicht stark sein.

Haben wir in gesundem Körper ein heiteres Gemüt gehabt, ohne Selbstüberwindung, ohne Geduld zu üben, ohne Schmerz und Mattigkeit? Das war nicht stark sein.

Haben wir uns die Arbeit leicht gemacht und die Augen abgewandt von dem Schwierigen und Unangenehmen? Sind wir dem nachgegangen, was uns Gewinn bot, in der selbstsüchtigen Gier nach Besitz und Wohlleben? Das war wieder nicht stark sein.

Stark sein heißt: treu ausharren bei der unternommenen Pflicht, wenn sie uns auch kein freundliches Gesicht macht, wenn uns auch

niemand helfend unter die Arme greift, wenn auch kein Lob uns liebreich aufrichtet.
Stark sein heißt: von Opfern und Entbehrungen nicht reden, nicht einmal daran denken, wenn es gilt, zu dienen und zu leisten.
Stark sein heißt: gegen des Körpers Schwäche und Mattigkeit seines Geistes Kraft einzusetzen, wie der Soldat auf Vorposten, der dem Schnee, dem Wind, dem Feinde in dunkler Nacht hungrig entgegensieht, nicht das Antlitz vom beißenden Nordwind wegwendet, ob er ihm auch das Gesicht zerreißt, ob ihm auch Bart und Wimpern gefrieren; und ob er selber im Tode erstarrt, nicht wendet er sich schutzsuchend um. Denkt er in jener Stunde nicht der trauten, friedlichen, warmen Heimat? Würde er sich zu ihr fliehend wenden, er würde als Feigling erschossen. Sein einziger Lohn für Mut und Ausdauer ist eine verlorene Kugel und ein unbekanntes Grab.

Stark sein heißt: an Ehre, Lohn, Gewinn nicht denken, das Gute tun um des Guten willen, in reiner, kindlicher Freude an seiner Schöne.

Sind wir stark, meine Lieben?

Ein Zeichen größter Kraft ist es, die Schwachen zu tragen. Tragen wir sie? Haben wir Geduld, wenn unser Herr wunderlich ist und gar viel fordert, wenn unser Diener sich nicht leicht unserm Willen fügt, wenn Bruder oder Schwester oder Freunde gerade das von uns fordert, was uns am meisten Mühe kostet, gerade den Fehler hervorkehrt, der uns am widerwärtigsten ist? Sagen wir ihm keine herben Worte, oder was noch schlimmer ist, klagen über ihn hinter seinem Rücken und machen die anderen erst noch recht aufmerksam auf seine Fehler? Ist es uns noch jemals eingefallen, der Mitbrüder Schuld auf uns zu nehmen und die Rüge zu tragen, die ihnen gegolten? Haben wir uns nicht vielmehr beeilt, die eigne Schuld abzuwälzen? Haben wir

uns nicht an das vorher Gleichgültige freundlich angeschlossen, nur um über den anderen vereint herzufallen und seine Fehler immer unerträglicher zu finden, je mehr wir sie besprachen?
Wir ertragen nicht ihren Widerspruch, nicht ihre Eitelkeit, nicht ihre Vergesslichkeit, nicht die kleinste üble Laune, deren Grund wir erforschen und entfernen könnten, hätten wir sie lieb.
Tragen heißt lieb haben. Und wen haben wir lieb? Wen haben wir so lieb, dass selbst seine Fehler uns liebenswert erscheinen, weil sie immer die Kehrseite einer Eigenschaft sind.
Tragen heißt verstehen. Und wen verstehen wir? Wann geben wir uns die Mühe zu erforschen, ob sein Herz schwer von Sorgen belastet ist? Wir sehen sein Haar bleichen, die Falten sein Gesicht durchziehen und wissen nicht, warum. Wir ahnen nicht, dass sein Auge schlaflos geblieben ist, dass er gelechzt hat nach der freundlichen Frage: „Ist dir nicht wohl?“, um sein übervolles Herz

auszuschütten. Wir finden nur seinen Gang matt, sein Auge glanzlos, seine Antworten karg und einsilbig. O, er hätte gesprochen, wäre er nur gefragt worden, so wie Christus zu fragen verstand, dessen Auge feucht wurde, wenn er leiden sah.

Tragen heißt helfen. Und wem helfen wir denn? Wir warten auf der andern Hilfe. Wir bieten ihnen eine solche Hilfe an, die sie nicht annehmen können, oder die ihnen gar nichts nützt. Und dann wollen wir Dank haben, endlosen Dank, weit mehr als unsere Hilfe je verdient hat! Wie gut, wie klug, wie selbstlos muss der Helfende sein! Wie muss er es verstehen, sich an des anderen Stelle zu setzen, sich ganz in ihn hineinzudenken! Wir aber werfen ihm überflüssige Brocken hin und wundern uns, wenn er sie nicht aufhebt. Wir geben dem Verdurstenden trockenes Brot, bloß, weil wir nicht gemeint, dass er durstig sei. O, wann, wann tragen wir unseren Nächsten?

Nun die letzte und schwerste Frage: Haben wir Gefallen an uns selbst? Wer würde es wagen, „Nein“ zu sagen! Dir sind die Kleider zuwider, du rühmst dich aber deines fleckenlosen Wandelns. Du findest dein Gesicht im Spiegel nicht schön, aber du hältst dich für klüger als die anderen. Deine Kinder sind zwar nicht vollkommen, aber doch viel besser erzogen als alle anderen. Dein Garten ist nicht so gut gelegen, trägt aber die schönsten Früchte. Dein Nächster ist immer mürrisch und du immer gut gelaunt; du bist stolz auf deine gute Laune, um die der andre sein Hab und Gut hergeben würde, wenn er nur einen starken Körper und ein heiteres Gemüt besäße. Du bist stolz auf das gebrachte Opfer und erzählst es immer. Und dadurch wird dein Opfer dem anderen leid. Er wünschte tausendmal, du hättest es nie gebracht. Du bist stolz auf deine Wahrheitsliebe und weißt nicht, dass deine bitteren Wahrheiten die anderen kränken und ihnen alle Fröhlichkeit verleiden.

Wer hat im Herzensgrunde nicht eine Stelle, in der er die Selbstgefälligkeit verbirgt und nicht denkt, dass ihm alles, ja alles von Gott geschenkt ward, und dass er so reichlich mit Fehlern und Schwächen begabt ist, wie er es selbst nicht ahnt. Nur die Schwäche des anderen hat er nicht, und darum ist er so stolz. Darum ist alle seine Kraft Schwäche; denn seine Schwäche ist eines anderen Stärke, auf dass sich der große, gewaltige Weltbau ergänze. Und wie der Weltbau, so jedes kleine Haus, so jede Familie, so jede Vereinigung. Würde jeder seine Kraft dem anderen dienstbar machen und seine Schwäche offen erkennen, so dass dort ein anderer einträte, so wären wir so, wie Gott uns gewollt hat, wie wir werden können, wenn wir mit Inbrunst seinen heiligen Worten nachstreben und nachleben. Dazu wolle er uns helfen. Amen.

***

Vater im Himmel! Du hast Kraft in Fülle für Deine schwachen Kinder! Du kannst uns bei der Hand nehmen, wenn wir vor unserem Tagewerk zagen. Du kannst unsere Leiden tragen helfen; Du gibst Mut, wenn die Sorgen uns erdrücken. Unsere Schwäche ist nicht kleinlich in Deinen Augen, da Du uns also gemacht. Du kennst das Maß der Kraft, das Du einem jeden zugeteilt; Du sendest auch die Last. Willig sollst Du uns finden und geduldig, wie es Deinen Kindern geziemt. Untereinander wollen wir uns liebreich tragen. Verzeih'! Ach, verzeih' uns, wenn wir bisher zu oft gehadert, wenn wir nicht einander unter die Arme gegriffen, auf dass keiner strauchele in unserer Nähe. Lege Worte der Liebe auf unsere Lippen. Öffne unsere Augen, dass wir sehen, wo wir helfen sollten, dass wir an Leiden nicht kalt vorübergehen, dass wir Fehler nur durchschauen, um sie sanft und freundlich einzuhüllen. Und strafe uns nicht, Gott, wenn wir in eitler Selbstüberhebung zu viel von uns halten. Verzeih' uns auch diese Schwäche, mache unser Herz kindlich demütig, auf dass es nicht durch Jammer und Bitternis zur Demut geführt werden müsse. Wir wollen Dir danken durch Wort und Werk. Wir wollen uns unserer Schwachheit rühmen, auf dass Du in uns mächtig seist! Amen.

2. Andacht: Unsere Berufung

Den Text zu unserer heutigen Andacht finden wir im Evangelium Lucä, im 12. Kapitel, im 35. Verse:

„Lasset eure Lenden umgürtet sein und eure Lichter brennen."

Was heißt das: seine Lenden gürten? Das heißt, dass man sich zu einer weiten Wanderung, zu kräftigen Schritten bereiten soll. Also fordert uns der Evangelist auf, beständig bereit, beständig auf der Wanderung zu sein, beständig des Rufes gewärtig, der an einen jeden ergeht. Schlimm ist es für den, der im Schlummer liegt in der Stunde, da der Ruf ertönt; denn sie schlägt nie wieder. Er wird nicht zweimal gerufen. Oder er hört, war aber nicht bereit, und bis er sich gürtet, ist der Augenblick vorüber, um den er sein ganzes Leben hingeben möchte, dem er sein ganzes Leben lang nachjagt, ohne ihn jemals wieder erhaschen zu können. Darum gibt es so unendlich viele unzufriedene Menschen, die immer wähnen, sich an einem falschen Platze zu befinden. Sie ahnen, dass der Ruf an sie ergangen und dass sie gefehlt haben. Dein Beruf ist, was dich ruft. Wenn du im Schlummer gelegen, dann klage nicht, dass du nichts gehört, sondern trage geduldig die Strafe, auf dem Pfad zu wandeln, der dir nicht gefällt.

Viele auch bilden sich ein, ganz genau zu wissen, was sie ruft, und rennen und jagen und kämpfen und mühen sich ab – vergebens – sie haben sich geirrt. Sie haben die falsche Fährte eingeschlagen und wollen nicht umkehren. Das Leben sei zu kurz, um wieder zu beginnen, wähnen sie, und bedenken nicht, wie lang es ist auf Irrwegen, und wie viel besser es wäre, kurze Zeit das Rechte zu tun, oder überhaupt etwas zu tun, anstatt auf Irrwegen gar nichts zu leisten. Andere wähnen, ihren Beruf verfehlt zu haben, weil er sie nicht zu Reichtum, Amt und Würde führt. Aber wer sagt dir denn, dass du hierzu bestimmt warst? Darf die Grille klagen, dass sie keine Nachtigall, oder die Distel, dass sie keine Rose ist, oder der Bach, dass er nicht ein Meer sein kann? Aber wir wollen nicht begreifen, dass nicht jeder von uns nach den höchsten Glücksgütern greifen darf, so wenig wie nach den größten Verstandeskräften. Wie mancher sollte lieber Holz spalten, als Bücher schreiben, die Stube reinigen, als Kinder zu unterrichten, das Eisen hämmern, als den Staat regieren. Nicht das Schicksal tut dir Unrecht, sondern du selber; du tust dir Unrecht mit Sorglosigkeit, mit Unverstand, mit Selbstüberhebung. Jedes Geschäft ist ehrbar, jeder Beruf ist schön, jedes Leben ist ausgefüllt, wenn du mit gegürteten Lenden und festen Schritten einhergehst, dein Auge unbeirrt, offen und klar. Schau nicht nach dem anderen, der anderes tut und dessen Leben dir leichter scheint, sondern gehe du so, dass die anderen auf dich schauen. Du bist nicht so gering, als dass du nicht ein Streiter sein kannst, eine Stütze für viele, ein Vorbild für alle. Du musst nur eine Liebe für deinen Beruf haben, wie der Künstler für seinen Marmorblock oder für seine Leinwand. Kein Beruf ist schön, wenn du ihn nicht verschönst. Der König kann seinen Thron verunehren und in den Schmutz ziehen, und der Köhler kann seinen Meiler zu einem Altar erheben, darauf er sich täglich opfert, den Seinen, der Pflicht.

Nicht die Erscheinung ist schön, sondern der Gedanke. Der Gedanke ist erhaben, nicht die

Stellung. Der Gedanke ist Herrscher, nicht der Mensch.

Gürte deine Lenden, mein Knabe, und frage: Für was darf ich leben, wo dienen, was vollbringen? Gürte deine Lenden, meine Magd, und frage: Für wen soll ich leben, wem dienen, wen erfreuen? Gürte deine Lenden, du Mann, und trage einen Berg, ohne zu keuchen, ohne zu straucheln. Gürte deine Lenden, du Mutter, und breite deine Fittiche nicht nur über die Deinen. Sei du allen Mutter, die dir nahen. Sei du eine Königin im Reiche der Aufopferung und des Selbstvergessens. Gürtet eure Lenden, ihr Greise, und schreitet heitern Antlitzes voran, der ewigen Heimat zu.

Und was heißt: Lasset eure Lichter brennen? Trägt denn ein jeder von uns ein Licht in der Hand oder auf der Stirn? Ist denn das nicht das Erbteil einiger Auserwählter? Und müssen nicht die anderen bescheiden im Dunkeln wandeln?

So wenig, wie es ein lebendes Auge gibt, dem der Lichtpunkt fehlt, so wenig, wie es einen Grashalm gibt, der samenlos bleiben kann, so wenig kann es einen Menschen geben, der nicht seinen eignen Schein verbreitet. Sehr verschieden ist sein Glanz. Der Eine ist warm und stark wie die Sonne und erwärmt und beglückt, was ihm naht, der andere ist gleich einem von Millionen Sternen; wäre er aber nicht da, so wäre seine Stelle leer. Einer ist ein Herdfeuer, das den kleinen Kreis erwärmt. Einer brennt still und beleuchtet eines Einsamen Nachtgedanken. Noch einer ist Sternschnuppe oder gar Irrlicht, wesenlos und doch vorhanden. Und wenn du nur ein weicher Mondstrahl bist, so kannst du doch die Nacht erhellen.

Du willst dein Licht verdecken und zertreten, weil du nur ein Glühwürmchen bist? Du willst nicht brennen, weil dein Herd zerfallen, der Raum niedrig und verräuchert ist? Und weißt du nicht, dass du Wohltat und Leben bist denen, die am meisten eines warmen Fünkchens bedürfen? Hüte dein Licht, sonst wirst du einmal selbst im Finstern stehen. Und wenn es dir gelingt, im Sturme die rettende Fackel, der unerschütterte Leuchtturm zu sein, so danke Gott auf deinen Knien, der dich zu solcher Größe berufen.

Nie wird ein guter Gedanke dein Haupt erhellen, ohne rings, dir unbewusst, Strahlen zu werfen, deren Kraft du selber nicht erkennen kannst. Aber auch der böse Gedanke hat Leuchtkraft und lockt, wie das Irrlicht, viele ins Verderben. Auch des bösen Gedankens Strahlen kannst du nicht messen und wirst dereinst mit Entsetzen gewahr werden, wie weit er geglänzt, wie viele er vernichtet!

Wie aber kann man die heilige Seelenflamme erhalten gegen die Stürme, Regengüsse, Eisesnächte des Lebens? Es gibt nur einen Stoff, der ewig brennt, und der heißt: Liebe! Den nähre du in deines Herzens Herd, lass ihn nie verlöschen, hüte ihn, wie dein größtes Gut; denn er ist stärker als Sturm und Frost, als erstickende Enttäuschung und Ströme von Undank und Bitternis. Dies ist die ewige Flamme, die alles erwärmt und erhellt, Liebe zum Höchsten, Liebe zum Beruf, Liebe zu den Menschen. Nie, nie kannst du genug liebhaben. Glaube nicht, es müsse dir zurückkommen! Kehrt auch der Strahl zur Sonne zurück, von der er ausgegangen? Nein, er wird weggegeben; denn die Sonne trägt ewig neue Strahlen in ihrem Flammenkern. Gib du nur hinaus, du Kind Gottes, so viel du geben kannst; denn du trägst einen Flammenkern göttlichen Geistes in dir, der sich aus sich selber nährt und stärkt und erhellt, und der ewig zu strahlen die Macht hat. Lass dein Licht leuchten und fürchte dich nicht. Einst wird es dich selber führen und deinen Weg erhellen, durch des Todes Nacht hindurch, zum ewigen Glanz von dem es ausgegangen. Amen.

***

Wolle Du selbst uns gürten, Herr, zu dem Wege, den Du uns vorgezeichnet. Wolle du unsere Ohren öffnen, dass wir Deinen Ruf vernehmen! Und wolle Du das Licht in uns entzünden, das uns und alles ringsum hell und warm macht. Nähre Du selbst die Flamme der Liebe mit Deinem eignen Geistesodem, dass nichts sie verlösche, dass der Sturm sie stärke, dass das Ungemach ihre stille Glut nähre, dass der Zweifel sie nicht zertrete. Lass uns nicht an uns zweifeln und an unserm Beruf, sondern gieße uns Deinen Willen ins Herz, stähle unsere Glieder, öffne weit unseren Blick. Drücke auf unsere Stirn das Zeichen Deiner Knechtschaft. Amen.

3. Andacht: Selbstüberwindung

Den Text zu unserer heutigen Andacht finden wir verzeichnet im Evangelium Johanni im 16. Kapitel, im 33. Verse:

„Solches habe ich mit euch geredet, auf dass ihr in mir Frieden habt. In der Welt habt ihr Angst, aber seid getrost, ich habe die Welt überwunden."

Die Scheidestunde ist nahe, und Christus weiß, dass er dem grausigsten Tode entgegengeht. Noch einmal will er den Jüngern, die er allein und hilflos dem Kampfe des Lebens überantwortete, solche Worte sagen, die ihnen Kraft und Mut geben in allen bangen Stunden, in der Verfolgung, die ihrer wartet, in dem Hass und

Zweifel, der sie umringt. Sein Herz blutet wie einer Mutter Herz, die ihre Kinder verlassen muss. Der Gedanke an seine eignen Leiden ist verdrängt durch den Schmerz um seine Jünger, die mit kindlichem Herzen ihm geglaubt, ihm gefolgt und nun seinen Glanz und Größe erwarten. Werden sie nicht wanken in ihrem Glauben? Werden sie treu bleiben, wenn seine Lehre verhöhnt wird? Viel wurde gefordert von dem kleinen Häuflein einfacher, ungelehrter Menschen. Sie sollten eine neue Religion durch die Welt tragen. Es schien ein übermenschliches Beginnen. Verfolgung, Hass und Spott war hierfür ihr Lohn, keine friedliche Stunde lächelte ihrem Leben. Angst und Qual überall. Würden sie nicht an sich selber zweifeln, an ihrer Mission, an ihm? Er musste sie in den Himmel erheben mit seinen gewaltigen Trostesworten, damit ihnen die Erde nichts anhaben könne. Er musste Worte reden, die ewig bleiben, wenn seine Spur auch längst verweht war, Worte, mit denen sie gewaffnet wären und gestärkt bis in den Tod. Und sie strömten von seinen Lippen, wie ein Quell des Friedens, der nimmermehr versiechen kann, und der fortquillt von Geschlecht zu Geschlecht, durch Jahrtausende. Wie groß war seines Geistes Kraft, dass er nach kurzem Erdenwallen fortwirkte für alle Zeit! Wie herrlich war seine neue Religion, die Religion der Armen und Unglücklichen, die Religion der Vergessenen und Ausgestoßenen, die Religion der Liebe. Für ihn war Sünde das größte aller Leiden, der Verbrecher am meisten des Trostes bedürftig. Wir rühmen uns unserer Mildtätigkeit und vergessen, wer sie uns gelehrt. Wir rühmen uns unserer Geduld und wissen nicht, wer sie uns gezeigt. Wir rühmen uns unseres Mutes und vergessen, welchen Mut die ersten Christen bewiesen. Wohl durfte es dem Meister bange werden bei dem Anblick seiner Boten, die selbst noch keine Ahnung hatten, in welche Ferne sie seine Lehre tragen würde.

So stehen wir ahnungslos vor unserem Lebensweg; nicht die nächste Strecke können wir überschauen und möchten, wie die Jünger, es würde Licht um uns. Es ist gut, dass wir die Finsternisse nicht kennen, durch die wir schreiten müssen, und nicht die Abgründe, die wir messen sollen, und nicht die Fluten, die uns verschlingen wollen. Ahnungslos lauschen wir den Himmelsworten, die schon tausend und abertausend Mal jungen Seelen mit auf die Wanderung gegeben sind, und bergreifen kaum, warum sie uns als so köstliche Güter wieder und wieder ans Herz gelegt werden. Ach! Nur zu bald umringen uns Kampf und Gefahr, Enttäuschung und Bangigkeit. Wir schleichen so müde dahin, als hätte uns nie die Sonne gelacht. Denn was wir erwartet, hat sich nicht erfüllt, und was wir nicht kannten, das stürmt auf uns herein. Ebenso unwissend und hilflos wie die Jünger stehen wir vor der großen, weiten Welt, vor dem Buche mit sieben Siegeln, und wehe uns, da wir die Siegel lösen! Wehe uns, da wir wissend werden! Angst ist unser Teil, Sorge unser täglich Brot.

Jeder von uns ist ausgesandt zu seiner großen Mission. Wie erfüllen wir sie? Die meisten unter uns leben dahin, weil wir leben müssen, weil eine unbekannte Kraft uns hat werden lassen und eine unbekannte Hand unser Los uns zuteilt. Wer denkt daran, selbst einzugreifen in das große Räderwerk als treibendes Rad. Er begnügt sich damit, sich zermalmen zu lassen und spricht dann von unabwendbarem Schicksal, von seinem besonderen Missgeschick, weil es ihn zerdrückt und nicht getragen. Aber Christus sandte seine Jünger, dass sie das Leben trügen, dass sie selbstvergessen schafften am großen Weltbau, sie, die das Glück genossen, von seinen Lippen zu lesen. O, wie sind wir kleingläubig und verzagt, wir, denen ein so großes Erbteil geschenkt ward! Wir scheuen den Kampf, wir fürchten die schweren Stunden; wir wollen uns nicht kreuzigen lassen, sondern genießen, das Leben trinken als berauschende Süßigkeit und stehen verwundert, ratlos, hilflos vor seinen Schmerzen. Wie sollen wir nicht Angst haben, wir, die uns freuen wollten wie die Jünger auf Christi Königtum! Wir harren noch immer darauf wie sie und wollen nicht verstehen, dass sein Reich Leiden heißt, seine Krone von Dornen ist und sein Thron das Kreuz! Was verlangen wir denn größere Herrlichkeit als unser Meister? Womit haben wir sie verdient? Welche Tat erhebt uns über ihn und über seine Schmerzen? Ja! Angst ist das Erdteil von der Väter Sünde. Angst ist unsere Hinterlassenschaft. Wir sind nicht im Stande, dem geliebtesten Kinde ein liebliches Los zu bereiten, so wenig wir im Stande sind, es fehlerlos in die Welt zu setzen. Nichts, nichts können wir ihm mitgeben als das heiße Sehnen nach Vervollkommnung und nach Frieden. Denn was wir Glück nennen, das nennt der Meister Frieden. Genug für unsere Schwäche, dass wir den Gedanken Vollkommenheit erfasst haben. Er wäre uns nicht ins Herz gelegt, wenn er unerreichbar wäre, und Gott wollen wir danken, der uns das Ziel so hoch gesteckt, der uns nicht dazu verdammt hat, in ewiger Finsternis zu schmachten. Denn in unser Leiden hinein tönt ewig der Ruf: Aber seid getrost, ich habe die Welt überwunden!

Das ist sein Siegesruf in der Todesstunde; das ist das Banner, das uns allen voranleuchtet in der Schlacht des Lebens. Und einen Sieg wie den seinigen können auch wir erringen, wenn wir klaglos unser Blut vergossen, wenn von unsern Lippen nie ein Wort des Hasses und der Bitternis erklungen, wenn wir so gelebt, dass alle um uns her mit uns emporsteigen. Wir brauchen dazu weder Rang noch Talente, noch Gelehrsamkeit, noch Reichtum, noch Macht. Die Jünger waren Fischer, Zimmerleute, arm und kindlichen Gemütes; sie konnten kaum lesen und schreiben und haben doch die Welt in Flammen gesetzt durch die Gewalt ihres Glaubens, durch die überzeugende Kraft ihres Liebesevangeliums, durch ihren opferfreudigen Wandel und Tod. Gar bald haben sie gelernt, worin der Sieg über die Welt besteht, und sie sind Sieger geblieben!

Wir haben nicht die Macht, die Welt gut, das Leben leicht, die Menschen glücklich zu machen. Aber wir haben die Macht, zu helfen und zu trösten jede Stunde, wir haben die Macht, uns selbst zu beherrschen und damit auch das Leben.

Um mit des edlen Dichters de la Motte Fouqué Worten zu reden:

Wenn dich das Leben nicht liebt, nicht hegt,
Nichts dir will gönnen,
Dann sei es du, der das Leben trägt,
Das musst du können.

Was dich nicht länger mehr tragen will,
Das trage du, Ritter,
Demütig stark in Gott und still,
Nicht stolz, nicht bitter.

Dann wundert das eitle Leben sich
Und muss schier sagen:
Der Mann, der trägt mich so wunderlich,
Will wieder ihn tragen.

Das aber vergönne ihm nicht, mein Sohn,
Musst stark es fassen,
Sonst wird es, in wankelmütigem Hohn,
Frech fallen dich lassen.

Und wer zum zweiten Mal also fällt,
Dem krachen die Glieder,
Und selten ersteht er als ganzer Held
Zum zweiten Mal wieder.

Nimm auf das Leben und trag' es fort,
Stärk' deine Hände,
Bis einst man dir ruft am sichern Port:
Nun bist du zu Ende!

Dann leg' es still und freudiglich hin,
Das schwere Leben, –
Man wird dir, Held, als Siegesgewinn,
Ein besseres geben!

Amen.

***

Vater! Wir nahen Dir mit bangen Herzen und wankenden Schritten! Wir tasten durch Finsternisse und wandeln an Abgründen. Verzeih' uns, wenn wir zagen, und bleibe nahe mit Deiner starken Hilfe! Wir wollen das Kreuz tragen, das Du auf unsere Schultern gelegt, wenn Du uns nur von Ferne winkst und uns gemahnest an Deine herrlichen Verheißungen! Du willst nicht, dass wir verzweifeln, sondern dass wir überwinden, gleich wie Christus überwunden hat. Verzeih' uns, wenn unser Fleisch vor dem Leiden zittert; erfülle uns mit Deiner Kraft, um den Kelch zu leeren, den das Leben uns bereitet. Getröste uns mit Deinem Frieden, mit dem endlichen Sieg, mit Deiner Himmelsherrlichkeit! Amen.

4. Andacht: Die Tagesneige des Lebens

Den Text zu unserer Andacht finden wir im Evangelium Lucä, im 24. Kapitel, im 29. Verse:

„Bleibe bei uns; denn es will Abend werden, und der Tag hat sich geneigt.“

Diese Worte der verwaisten Jünger auf dem Gang nach Emmaus waren an ihren unerkannten Meister gerichtet, der sie auf dem ganzen Wege getröstet hatte und ihnen bewiesen, dass Christus das alles leiden musste, damit seine blutbesiegelte Lehre erst die rechte Kraft erhielte. Wie hatte ihr Herz in ihnen gebebt, da der Fremde so trostreich sprach und ihnen zeigte, dass sie sich irrten, wenn sie meinten, das ganze

Leben und Leiden sei umsonst gewesen und alles werde wieder in Finsternis verfallen. Und nun wollte er weiter gehen.
Es klingt fast wie eine kindliche Bitte: Bleibe bei uns; denn es will Abend werden! Wie oft möchten wir diese Bitte aussprechen, wenn wir geängstigt sind, wenn sich Nacht auf unsere müden Herzen senkt, ohne den heißen Augen Schlaf zu bringen. Es wird nur lange, dunkle Nacht, mit ihren Schauern, mit ihren Schrecken, mit ihrer Unruhe, die umso größer in uns wird, je stiller es draußen. Wie oft scheint alles zerbrochen, alles gescheitert, worauf wir so viel gebaut; unser Leben wertlos, unser Leiden nutzlos, unser Schaffen fruchtlos. In einer Schreckensstunde stürzt es über uns zusammen, und es wird Nacht ringsum. Wir hatten heitern Antlitzes die schwersten Opfer gebracht, wir hatten die Hände wund gearbeitet, umsonst, alles umsonst! Langsam zieht sich der Himmel zu, noch ein

letztes blaues Auge schaut auf uns nieder, dann wird auch dieses Nacht. Es wird Nacht und doch kein Ende. Das Leben geht dennoch weiter und tost um uns her, gerade, als wären wir nicht gescheitert. Gleichförmig heben und senken sich die Wellen, die die letzten Planken unseres Glückschiffes hin und her schleudern wie eitel Spielwerk, und der Strand, der uns rettet, ist eine wüste Insel, baumlos, wasserlos, im ungeheuren Ozean schäumenden Lebens. Wer soll da nicht verzweifeln? Die irdischen Götter liegen im Grunde; kein Morgen weckt sie mehr. Der Glauben an sich selbst, an die Menschen, an Gott ist verloren; es ist Nacht.

Da geht ein leichter, leiser Schritt neben uns her, aber unsere Augen sind gehalten, wir erkennen den Fremdling nicht. Und mit sanfter Stimme sagt er, es sei nicht alles umsonst gewesen; kein Heldentum, kein Märtyrertum sei umsonst. Wir seien nur zu kurzsichtig, um den Stern zu erkennen, der durch alle Nächte scheint; wir seien zu sehr in unsere Verzweiflung versunken, um zu glauben, dass nach der Nacht noch ein Tag käme und noch ein Tag und dann noch viele. Ja, wir könnten, wir sollten, wir müssten leben und zu Ende führen, was wir begonnen. Ganz leise tönt die Stimme in unser Herz und klingt so bekannt wie das Gebet unserer ersten, frühen Kindheit, als die Mutter uns die Hände faltete. Es klingt wie die ferne Glocke, die wir immer gehört und die uns immer zur Andacht gestimmt. Und die wilde Verzweiflung löst sich in Wehmut. Ach, könnten wir doch der süßen Stimme glauben! „Bleibe! O, bleibe!", flehen wir ängstlich; denn es wird wieder Nacht, sobald sie verstummt. Es hat ein Quell gemurmelt, ein Quell aus der Tiefe, so rein, so lauter, wie wir selber einst gewesen, bevor wir herumgejagt auf dem wilden Meer! Und siehe, da tritt er ein zu uns und bricht das Brot und dankt, und wir stürzen ihm zu Füßen. Er aber hebt die Hand und zeigt fern am Horizonte ein weißes Segel, das uns naht, und ist verschwunden.

Meinst du, die Stimme sei dir noch nie erklungen? Was hat dich denn aus deiner Qual befreit? Was hat dich wieder leben gelehrt, da dir das Leben wertlos war? Was hat dir das Brot gebrochen? Denn siehe, du bist noch nicht verhungert! Du hast nicht gemeint, er könne wiederkommen, zu dir kommen, zu dir allein, um gerade dich zu trösten! Er kommt in jeglicher Gestalt; denn er will sich nicht erkennen lassen. Glaube du nur an ihn, halte ihn fest, bitte ihn kindlich, so wird er bei dir bleiben. Oder fühlst du deine Kräfte schwinden? Kommt die Tagesneige deines Lebens heran, freudlos, düster, einsam, stumm? Werden deine Augen dunkel und deine Hand zitternd? Hast du alles begraben, was dir sonst friedlich die Augen zugedrückt hätte? Siehe, auch dann erscheint er an deiner Seite und flüstert Worte des Trostes in dein müdes Herz und sagt, du dürftest nun ruhig scheiden, da dein Tagewerk vollbracht, und einsam seist du ja nicht, da er bei dir!

Er hört deine Bitte: Bleibe bei mir, denn der Tag hat sich geneigt! Und er tritt mit dir ein, und wenn deine Augen hell werden und du ihn erkennst, dann ist die letzte Stunde da, und du wehst hinüber, ein Geist in Geistes Welt, aus der du ausgegangen, zu der du zurückkehrst. Nein, nicht trostlos sei des Tages Neige, da dein Freund dich begleitet und dir dein ganzes Sehen und deines Daseins Zweck erklärt! Fürchte nicht, es sei alles umsonst gewesen. Du bist nur viel zu kurzsichtig, um die Finsternis zu durchschauen; du bist zu schwach und klein, um den großen Weltengang zu begreifen, von dem du ein Teil nur bist, in dem du aber deine Stelle hast einnehmen und ausfüllen müssen, ob es dir lieb war oder leid, ob du geweint oder gelacht, ob du gedankt oder gegrollt. Wir wollen nur nicht begreifen, dass wir leiden müssen, weil unsere Sehnsucht nach Glück so unendlich groß ist; wir gehen trostlos auf der staubigen Straße dahin und hadern und klagen, dass wir so unvollkommen gemacht und so ungleich, dass wir das Unerträgliche tragen müssen, und wollen nicht hören, wie er uns sagt: Seid stille! Es muss so sein! Seht ihr denn nicht die Herrlichkeit eines Siegtums über alle Not, über den verschmachtenden Körper, über die Elendigkeit der Welt! Seht ihr denn nicht, dass ihr zum Streite geschaffen seid, dass Kampf euer Bedürfnis und Mühe eure Nahrung ist? Und wenn ihr hinsinkt wie das Blatt am Baum, so deckt ihr schützend seine Wurzeln, so macht ihr Platz den jungen Sprossen, die weiter, viel weiter wachsen als ihr!

Lasst es nur Abend werden in euch und klaget nicht! Denn mit dem Abend tritt er herein und hebt die Last von euren Herzen und wischt die

Tränen aus euren Augen und bringt seine Himmelsruhe! Amen.

***

O kehre bei uns ein, Herr, denn es will Abend werden, und uns bangt es vor der langen, dunkeln Nacht. Schreite nicht vorüber an unserer Pforte! Wir harren Dein: Gibt uns den Glauben zurück und die Zuversicht! Lass und hoffen, dass nicht vergeblich unser Tun! Wir wandern dahin und wissen nicht, und fragen und zagen. Betritt Du unsere Straße und öffne unsere Augen, dass sie sehen. Zeige Du uns das helle Licht, das uns aus allen Schrecken hinausführen wird. Lass den Tag wieder scheinen, der sich geneigt. Stärke, stähle uns mit neuer oder mit letzter Kraft, nach Deinem Willen. Wir harren Dein wie die Kinder! Wir harren Dein wie die verwaisten Jünger! Brich Du uns ein Stücklein Brot, auf dass wir wieder danken lernen und glauben lernen und Deinen Namen preisen! Amen.

5. Andacht: Über den Lebenskampf

Die Worte, die der heutigen Andacht zu Grunde gelegt sind, stehen verzeichnet im zweiten Briefe Pauli an Timotheus, im 2. Kapitel, im 5. Verse:

„Und so jemand auch kämpfet, wird er doch nicht gekrönet, er kämpfe denn recht."

Kampf ist unser irdisches Los. Wir kämpfen uns hervor an das Tageslicht, wir kämpfen um das tägliche Brot, wir kämpfen untereinander um Amt und Gewinn, wir kämpfen mit uns selber, um unsere unzähligen Fehler zu bezwingen, wir kämpfen mit Krankheit und Not, mit Sorge und Sünde, mit Schwäche und Torheit, bis wir im letzten, schweren Kampf mit dem Tode das Leben verlassen. Und dabei wähnen wir immer, wir könnten diesem Ringen entgehen, das doch der ganzen Natur zugefallen ist, das wir mit all den Millionen Wesen teilen, die uns gesehen und ungesehen umgeben. Die einen suchen ihr Herz zu verschließen, die anderen ihr Haus. Die betten sich weich und wollen von Frau und Kind nichts hören, um der Sorge zu entgehen. Jene schieben auf die Seite, was ihnen im Wege ist, und meinen, mit Gewalt die Ruhe zu erlangen, nach der wir alle so begierig sind. Umsonst. Da kommt das ernste Leben gegangen und pocht an unsere Pforte und ruft ein dröhnendes: Heraus! In Gottes Welt darf nichts still liegen und träge sein. Da muss alles in wogender Bewegung steigen und fallen, leiden und schaffen, ringen und leisten, opfern und wagen. Keiner darf sich hinausschleichen aus der Schlacht, denn die Kugel, die ihm bestimmt ist, trifft ihn doch.

Am liebsten würden viele die anderen für sich kämpfen lassen, von Ferne zusehen und das Erreichte teilen und genießen. Sie wollen auch die Menschen lieben, die ihnen dienen und nützen, solange sie ihnen dienen und nützen, solange sie auf ihren Schultern emporsteigen und sich bereichern können. Und mit seinen Fehlern kämpfen? Nein, das ist zu mühsam! „Ich bin nun einmal so!", hört man sie sagen, „und man muss mich nehmen, wie ich bin!" Sie denken nicht, dass, wenn jeder das sagen würde, das Leben in Gemeinschaft bald unmöglich sein würde. Wir verlangen von unseren Nebenmenschen, dass sie uns nicht bestehlen, nicht berauben, nicht töten. Dürfen wir nicht verlangen, dass sie unserer Seele ebenso wenig Schaden zufügen? Ist ein giftiges Wort nicht schlimmer als ein Diebstahl, zu dem äußerste Not getrieben? Ist nicht das Verdrängen eines anderen oft schlimm wie ein Mord? Und dem du seine Herzensruhe raubst, ist der nicht gänzlich beraubt? Wir sind dazu berechtigt, voneinander Rücksichtnahme und Güte zu fordern, als von einer göttlichen Gemeinde, die sich stützt und trägt und hilft auf dem Leidenswege des Lebens.

Und wisst ihr denn nicht, dass jeder eurer Fehler sich wider euch selber kehren wird und euch mit heimlichen Qualen foltern? Jeder ist der Märtyrer seiner eigenen Sünde; denn jeder muss die Folgen seiner Taten, seiner Unterlassungen, seiner Worte und Gedanken tragen. Wir werden unser Leben lang gestraft, wollen es aber nicht sehen und nicht eingestehen. Jeder deiner Mitmenschen straft dich, ohne es zu wollen, noch zu wissen. Er will sich nur vor deinem Fehler bewahren, und du allein trägst die Schuld an deines Herzens Einsamkeit. Wir müssen alles büßen, alles.

Manche bilden sich ein, sie kämpfen mit sich selber, und vor lauter Reue und Zerknirschung,

Selbstquälerei und Gewissensängsten machen sie sich ihren Nebenmenschen erst recht unerträglich. Sie hängen dem Versäumten nach und sehen darob gab nicht, was sie von neuem versäumen. Der Reue nachzuhängen führt zu nichts. Die Reue muss sein wie ein rascher, tiefer, scharfer Schnitt, der der Krankheit ein Ende macht; dann aber muss der Mensch gesund und frei hinausschauen und nicht die anderen damit quälen, dass er ein so großer Sünder ist.

Andere meinen, sie kämpfen, sie haben beinahe gesiegt; aber ihre Nebenmenschen seien hart und lieblos gegen sie und verstehen sie nicht. Wenn du nicht verstanden wirst, so ist es in dir nicht hell. Was wartest du denn darauf, dass die anderen dich verstehen? Begreife du die anderen! Was hilft dir aller Wille, aller Kampf, alle Erfahrung, wenn sie dir nicht die Augen öffnen über der anderen Leiden und Bedürfnisse, Wünsche und Befürchtungen? Solange du dich unverstanden wähnst, bist du immer noch mit dir beschäftigt und hast noch keinen Sieg errungen. Siegen heißt frei werden. Und frei werden heißt vor allem von sich selbst frei sein durch die Fähigkeit, zu geben, zu tragen, zu helfen, zu stützen.

Wieder andere meinen, sie kämpfen, und schmeicheln dabei ihrer Lieblingssünde. Noch einmal und noch einmal das tun, dessen du dich im Herzensgrunde schämst; denn es gibt ja einen Morgen, an welchem sich der Fehler ausmerzen und entfernen lässt. Und wer sagt dir, dass du jemals die Kraft gewinnen wirst, die du täglich mehr verlierst, weil du sie nicht übst? Und dabei wohnt in dir das tiefe, heiße Sehnen nach Vollkommenheit, das jedem Menschen ins Herz gesenkt ist, um ihn ewig zu gemahnen, dass er nicht dieser Welt gehört und in ihr untergehen darf.

Noch andere wähnen, sie seien schon Sieger und lassen sich auf der schmeichelnden Welle ihrer Selbstzufriedenheit schaukeln, bis sie plötzlich einen Abgrund gähnen sehen, in den sie fast jählings hinabgeschossen wären, um zu zerschellen. Glaube nicht, weil du älter und müder wirst, der Kampf sei für dich zu Ende. Ach! Leider tragen wir unsere Schwächen mit uns durchs ganze Leben und wissen nicht, wie viel Geduld man mit uns gehabt! Wir dürfen nicht müde sein, so lange wir leben; denn für die Müden gibt es ewige Ruhe, und Gott allein weiß, wer der Ruhe bedürftig und wer noch weiter wallen muss. Lasset jeden Tag einen Sieg bedeuten. Jeder Tag soll eine Staffel sein, die ihr beim Klimmen in den Berg gehen, den Fuß hineinzusetzen, um festzustehen, bis die nächste Staffel gehauen. Beweisen wir nicht deutlich unser Sehnen zum Steigen, beim Erklettern der höchsten Bergspitzen, mit Lebensgefahr, beim Luftschiffen in die

Zonen, die augenblicklichen Tod bringen? Beweisen wir es nicht, indem wir stets einen höheren Rang in der menschlichen Gesellschaft einnehmen möchten? Beweisen wir es nicht, indem wir schaffen und erfinden möchten, was noch keiner vor uns gemacht? Warum beweisen wir es nicht, indem wir uns vervollkommnen an der Stelle, da Gott uns hingestellt? Dem Niedrigsten wird dereinst vielleicht die höchste Krone gereicht, denn Gott sieht nicht, was wir vor den Menschen errungen haben, sondern was wir in uns selber erkämpften. Steige, steige du, Mensch, der Gottähnlichkeit, dem Edelmute, der Selbstverleugnung, der Liebe entgegen. Es kostet nicht das Leben! Es kostet nur ernsten Willen, heilige Kraft, schrankenlose Ausdauer. Verleugne dich selbst, so wird Gott dich erkennen. Amen.

***

Wir wollen nicht zurückweichen vor dem Kampfe, Gott, den Du für uns verordnet, auf dass wir die Vollkommenheit erringen, die Du uns nicht hast gewähren wollen. Nur lass ihn nicht das Maß unserer Kraft übersteigen! Lass den Wind sanfter wehen, wenn der Sturm unsere Wurzeln erschüttert und gelockert hat! Lass den Donner ferner rollen und die Sonne wieder hervorbrechen, auf dass unsere Seele wieder froh werde und wir Dir Blüten und Früchte entgegenbringen! Wir wollen uns gern beugen unter Deine strafende Hand, da dieselbe Hand uns schützt und stärkt! Habe noch ein klein Weniges Geduld, bis wir im Kampfe siegen, bis wir es wert sind, die Krone der Gerechtigkeit zu tragen! Und lehre Du uns mit uns selbst Geduld zu haben und nicht zu verzweifeln, wenn wir auf dem steilen Wege rückwärts gleiten! Vater, hilf! Amen.

6. Andacht: Die Stimme des Herzens

Die Worte, die unserer heutigen Betrachtung zu Grunde liegen, finden wir im 4. Psalm, im 5. Verse:

„Redet mit euren Herzen auf eurem Lager und harret.“

Was sollen wir reden? Und worauf harren wir? Je nach der Gemütsverfassung, in der wir uns befinden, ist die Nacht uns Freund oder Feind; sie ist der hochwillkommene Ruhebringer, Vergessenspender, oder der Peiniger des Gewissens, der Folterer der Gedanken. Für jeden aber ist es ein Augenblick, da das Leben stille steht und wartet, bis er sich genugsam erholt hat, um es wieder auf die Schultern zu laden. Wie aber benutzen wir den Augenblick? Wir legen uns gedankenlos nieder und stehen auf, weil der Morgen graut. Wir verlassen unser Tagewerk, wie wir es wieder aufnehmen, ohne Liebe, ohne Freude, ohne ernstes Wollen, nur weil wir leben und leben müssen. Und wir Unglücklichen begreifen nicht, wie viel, wie unerhört viel wir versäumen. Es gibt nichts, das wir nicht viel besser und schöner machen könnten, es gibt niemand, dem wir es nicht leichter machen könnten, und wir gehen dahin wie ein Tier am Mühlenrade. Wenn du deine Pflicht lässig tust, so fühlt es das ganze Haus. Du fehlst zum vollen Zusammenklang aller Kräfte, und alle werden es empfinden.

Manche suchen ihr Lager auf, mit einem Groll oder einer Unzufriedenheit, die sie nicht abschütteln können, und was sie abends nicht besiegt, das unterjocht sie am Morgen. Ihr Missmut ist nur gewachsen, in der Nacht, die keinen Frieden gebracht. Du aber trägst deine Sorge auf dein Lager, wirfst dich ruhelos hin und her, und deine Sorge wächst riesengroß, so dass du sie nicht mehr tragen kannst, bis der Morgen hereinscheint und dir zeigt, dass du dennoch leben und leisten kannst.

Du birgst weittragende Pläne, und der Ehrgeiz raubt dir den Schlummer, den du gebraucht hättest, um mit Tatkraft dein Ziel zu erreichen. Du entnervst dich, indem du unnützen Gedanken die Zügel schießen lässest, und siehst das Nächste nicht, das allein dich zur Erreichung des Fernen führen kann.

Wie Sand am Meere sind die Gründe, keine Ruhe zu finden in der stillsten Nacht, und das Kind zu beneiden, das während der Schlacht auf einer Kanone tief und fest schlummert. Warum sagt denn der fromme Sänger: „Redet mit euren Herzen auf eurem Lager"? Wir reden ja, wir reden oft zu viel. Aber was wir sagen, ist fruchtlos; was wir denken hat kein Gewicht und kein Ende; was wir wünschen, verfliegt wie ein Morgenduft vor dem ersten Sonnenstrahl. Und das kommt, weil wir nur mit unseren eigenen, törichten Gedanken reden, die sich in einem und demselben Kreislauf herum bewegen, anstatt mit unseren Herzen, darinnen Gott wohnt. Unsere Gedanken werden uns nie an eine versäumte Pflicht mahnen, unser Herz immer. Unser Herz hat wohl gesehen, wo es gefehlt hat und wo wir hätten zugreifen sollen, um es einem anderen leicht zu machen. Aber da kamen die eitlen Gedanken und sagten: Lass doch! Was gibst du dir solche Mühe! Du bekommst ja doch keinen Dank!

Das Herz würde auf keinen Dank warten, ihm eher aus dem Wege gehen. Das Herz wäre mit seinem Groll längst fertig geworden; denn es weiß, der es kränkt, war nicht wohl oder bekümmert oder aufgeregt, und ihm sind seine raschen Worte längst schon leid. Da kommen aber die Gedanken und sagen: Lass dir's nicht gefallen! Sei stolz! Zeige nur, wie verletzt du bist, damit ja der andere es recht fühle, was er dir getan. Das Herz würde auch die Sorge geduldig tragen, als von Gott gesandt. Da wühlen und schüren aber die törichten Gedanken und reizen zur Auflehnung gegen Gottes schwere Hand, und rennen und flattern hin und her, einen eignen Ausweg zu suchen, anstatt auf Gottes Ausweg zu harren.

Und du, mit deinem ehrgeizigen Anstürmen gegen gegebene Verhältnisse, die du nicht bezwingen und wegräumen kannst, hättest du mit deinem Herzen geredet, so würdest du verstehen, dass du im Kleinen groß sein kannst, ein Pfeiler, auf dem das Gebäude ruht.

Aber nicht genug, dass wir mit unseren Herzen reden sollen, wir sollen auch harren! Kann es denn jemals eine Antwort geben? Haben wir nicht schon hundertmal umsonst geharrt? Und hatte Gott Erbarmen? Und hat er das Kreuz von uns genommen? Und hat er unser Flehen erhört? Ihr Kleingläubigen! Ihr Undankbaren! Wie viel Mal hat sich schützend ein Dach über euch gebreitet, wie viele Stücklein Brot sind euch zugefallen, die ihr nicht verdient! Wie manche unerwartete Hilfe ist gekommen, wenn ihr zu ertrinken wähntet! Wolltest du bedenken, wie du gesegnet worden bist, wie oft schon vor deiner Türe stand, was du unerreichbar wähntest, wie oft du später Gott gedankt, dass sich dein Wunsch nicht erfüllte, – du würdest wohl wissen, worauf du harren sollst. Du jammerst, dass du die Nacht durchwacht, und fühlst die Ruhe nicht, die der erste Sonnenstrahl dir ins Herz geschienen; du sagst nur: Der Tag hat die Gespenster verscheucht! Du weißt ja nicht, wie sehr die durchwachte Nacht dich gereift, dir die Augen geöffnet, dich gezwungen, nachzudenken, wozu du am Tage keine Zeit hast.

Ein kindlich fromm' Gemüt weiß, worauf es harrt, denn es hört immer die Antwort. Die aber von Disteln Feigen pflücken wollen und auf dem Sumpfe Weizen bauen, die wähnen, sie hören keine Antwort; denn die Antwort lautet nicht so, wie sie dieselbe hätten haben wollen. Ja, wer will denn überhaupt dem Leben ins Antlitz und sich selbst ins Herz schauen!

Ihr Furchtsamen denkt, es werde hässlich sein, es werde zum Kampfe mahnen, es werde euch strenge, finstere, strafende Antwort geben! Ihr Mattherzigen! Das Leben und das Herz stehen in genauer Wechselwirkung. Das Eine kann das Andere gestalten, bilden, heben, tragen, wenn ihr nur mutig fragt und nicht dem Gewissen die Tür schließt, anstatt seiner zu harren. Wenn du ewig klagst, wirst du ewig Grund zum Klagen finden. Wenn du nur halb so oft sagen würdest:

Wie war ich damals so froh! Wie wurde mir in jener Stunde geholfen! – als du sagst: Wie habe ich da gelitten! Ich dachte, ich würde es nie ertragen! – so würdest du merken, dass die Hilfe nahe gelegen. Denn siehe, du lebst!
Du dankst nicht für den Sonnenstrahl, der dich erwärmt, für das Frühlingsgrün, das dein Auge erfreut, für den schönen Ton, der dein Ohr entzückt, für den guten Gedanken, der dich zur Tat getrieben, für das Wort der Liebe, das dein Herz erquickt. Das alles ist natürlich; nur, was dir nicht mundet, ist unnatürlich. Was weißt du denn davon? Du weiß nicht, warum ein Wesen dem anderen zur Nahrung dient. Du weißt nicht, warum überall lebende Wesen sind, in jedem Tropfen, in jedem Stäubchen. Du weißt nicht, ob in den ungeheuren Welten, die wir Sterne nennen und gegen die unsre Erde nur ein Stäubchen ist, lebende Wesen sind, noch wie sie sein können, und sprichst von Naturgesetzen.

Folge du nur der Stimme in deiner eignen Brust, die du immer verstehen kannst; denn sie spricht wie zu einem Kinde, deinem Verstande, deinen Kenntnissen, deinen Erfahrungen angemessen. Sie wird deine Gedanken leiten, die sich auflehnen und in Verwirrung sind. Harre nur und murre nicht. Gott spricht zu dir in sanftem Säuseln und darum harre auf deinem Lager und ruhe nicht, bis du ihn vernommen. Amen.

***

Lieber Gott! Komm zu uns, wir harren auf Dich! Rede Du laut in unsern Herzen und werde unseres törichten Fragens nicht müde, bis wir Dich verstanden haben! Bezwinge Du unsere eitlen Gedanken mit Deinem göttlichen Worte. Mache unsere Herzen voll von Dir, von Dir allein, auf dass sie uns in Dir, in Deinem Geiste leben lehren. Lasse die Nacht nicht düster für uns sein, und wenn wir sie auch mit blutigen Tränen durchkämpfen müssen, nach Deinem Willen. Lass uns Sieger bleiben und Deiner Sonne wieder entgegenstreben, anstatt in der dunklen Flut der Leidenschaft zu versinken. Herr! Rede in unser Herz hinein und aus unserem Herzen heraus. Wir harren. Amen.

7. Andacht: Gottes lebendiger Bau

Die Worte der heiligen Schrift, durch die wir uns heute erbauen wollen, finden wir im 2. Briefe Pauli an die Korinther, im 6. Kapitel, im 16. Verse:

„Ihr seid der Tempel des lebendigen Gottes!“

Wie ein Posaunenstoß tönt dieses Wort in unsere seichte Welt hinein, an die wir nicht glauben, weil wir an uns selbst nicht glauben und an unseren hohen Beruf. Der Tempel des lebendigen Gottes! Wir! Wir, die nicht wert sind, unseren Brüdern Wohnung in uns zu machen, da wir allen Leidenschaften die Stätte eingeräumt, wir, die vor uns selber entfliehen möchten, weil wir die Herrschaft über uns selbst verloren, wir, die sagen: Es ist kein Gott, und seine Welt ist ein Jammertal!

Der Apostel sagt nicht: Ihr sollt sein! - sondern: Ihr seid! - Und die Menschen waren zu seiner Zeit wie zu allen Zeiten, schwach, sündhaft, ungläubig und mattherzig. Er aber lässt sich nicht beirren: Ihr seid der Tempel! Also vermeint er dennoch, dass wir es wert sind, so zu heißen, dass unser Beruf uns so hoch über uns selbst erhebt! Er sieht dennoch in uns die Möglichkeit, rein zu sein, rein, erhaben, frei. Nein, wir sollen nicht immer im Staube liegen, dahin uns unsere Verzweiflung hat sinken lassen, nachdem uns die Leidenschaften erniedrigt. Wir sollen nicht hinschleichen wie Lasttiere, nicht mehr fragend, wann uns die Bürde abgenommen wird. Wir sollen über uns selber uns erheben; denn uns wurden Flügel gegeben, die heißen: Der Gedanke und der Willen. Wir sollen weit hinausschauen, denn uns wurde das erhobene Haupt und der Herrscherblick gegeben, mit dem wir Welten und Schicksale umspannen können. Wir sollen unter unserer Last nicht schleichen, sondern mit starken Schultern frei sie tragen wollen, da wir zum Tragen geschaffen. Sage nicht: Ich kann nicht anders, ich bin schwach! Das ist nicht wahr! Du bist stark, du bist so stark wie dein Bruder, dessen Versuchung du nicht siehst und der neben dir einen harten Kampf besteht. Der Apostel muss doch Edles und Schönes an uns gesehen haben, dass er uns zurufen konnte: Ihr seid der Tempel des lebendigen Gottes!

Wir sind nicht die Wohnung toter Götzen, aus Steinen geschichtet. Nein, lustiger ist unser Bau, beweglich das Gehäuse, dass es nichts verunreinige! Schmückt es mit frommen Händen, lasst keines es mit Wort oder Blick entweihen! Lehret die Ungläubigen, ihre Schuhe ausziehen und das Lächeln von ihrem Munde bannen.

Denkt, dass sie, die Unglücklichen, nicht glauben, weil ihr Bau ihnen misslang, weil er eingestürzt und nun die wüste Stätte unreinen Gewürms geworden ist. Gern würde er eine heilige Stätte betreten, wenn er nur von einer glauben könnte, dass sie heilig geblieben. Denkt, dass ihr viele zurückführen könnt, wenn ihr heilig seid. Und es ist nicht so schwer, als ihr meint. Wenn die Stunde der Versuchung kommt, so denke nur, wie kurz die Freude und wie lang die Öde, die die Reue hinterlässt. Denke, dass du alles ausleben musst, was du dir angebahnt, und dass dir nichts, gar nichts erlassen wird. Wozu du dich aufbauest, das wirst du sein. Du kannst eine kleine Hütte sein, darinnen der Frieden wohnt, oder ein kühner Palast, darinnen sich Ränke schmieden, oder ein hoher Dom, darinnen alle heilig werden, oder eine offene Markthalle, in der geschachert wird. Aber dein halbes Leben brauchst du zu dem Bau, der für die übrige Zeit

steht, wenn ihn nicht der erste Stoß zertrümmert.
Dein Kirchlein kann winzig klein sein und wird doch zur Andacht stimmen, wenn nur der Odem des lebendigen Gottes es durchweht. Ewig wird man es fühlen, wenn du deine Markthalle oder dein Schloss zur Kirche später umgewandelt. Es ist nicht wahr und erbaut niemand. Ewig wird man es fühlen, dass dereinst ganz anderes darin gewohnt hat als Gott allein. Die toten Götzen Mammon, Genusssucht, Eitelkeit, Habgier haben es bewohnt, und es wurde ihnen gehuldigt, und wo du es am wenigsten gedenkst, da kommt die Spur davon hervor und zeugt wider dich von einer heidnischen Vergangenheit. Halte deine Hände rein von Anfang an; trage in frommer Andacht Stein zu Stein und scheue die Mühe nicht; fürchte den Spott nicht; die Spötter werden dich beneiden, wenn dein Bau den Stürmen trotzt, wenn deine Stimme die Weihe der Got-

tesnähe trägt, wenn dein Antlitz leuchtet wie Moses Antlitz, da er mit Gott verkehrt. Du brauchst dich nicht in Opferdunst und Geheimnis zu hüllen, um geachtet und verehrt zu sein; denn du brauchst nicht zu scheinen, weil du Gottes Tempel bist.

Frieden sollt ihr haben und Frieden geben, Frieden blicken und Frieden atmen. Fürchtet nicht, dass Seufzer und Tränen euer Kirchlein entweihen. Sie heiligen es ebenso gewiss wie Jubel- und Dankeshymnen, und der Stein ist nicht verunschönt, der vom Knien ausgehöhlt.

Baut, baut, ihr Menschenkinder, dass eure Kirche sich in die Wolken erhebe und der Geist Gottes sie durchwehe. Amen.

***

Wie sollen wir genugsam uns reinigen, Gott, um Deines Geistes Tempel zu sein! Wie sollen wir, Staub vom Staube, uns würdig machen solcher Gnade! Reinige Du uns selber von dem Irdischen, das uns befleckt, bis Du einziehen kannst und aus unseren Herzen Dir den Altar machen! Zerbrich unsere Götzen, Herr, die uns von Dir entfernen und richte Dein Bild allein in uns auf, dass sein Glanz uns ganz erleuchte und durchströme! Lasst uns rein sein, heilig, friedvoll, still. Befreie uns von allem Kampf, der Deiner Wohnung nicht würdig ist, und sei in uns lebendig, Gott, dass wir Dich lobpreisen. Amen.

8. Andacht: Der heilige Berg

Die Worte, welche uns heute erbauen sollen, stehen in Jeremia 31, 23:

„Der Herr segne dich, du Wohnung der Gerechtigkeit, du heiliger Berg!"

Der Prophet hat hier den Berg Sinai vor Augen, auf den der Herr sich niederließ, mit Mose zu reden. Wohl war es ein heiliger Berg, auf dem ein frommer Mann in Demut des Herrn wartete, dessen Volk zu führen er berufen war. Wie mag er dort gebetet und gerungen haben, Kraft zu behalten zu der ungeheuren Aufgabe? Wie mag sein Herz gebebt haben vor dem Undank, der Anfeindung, dem Unverstande, die ihm auf jedem Schritte begegneten! Aber als er niederstieg, trug er ewige Gesetze in den Händen, die noch heute nichts von ihrer Kraft und Größe eingebüßt haben.

Dem übermenschlichen Ringen tritt Gott näher und gießt dem übermüdeten Kämpfer einen Tropfen Ewigkeit ins Herz, der den Lechzenden labt auf seinem Wüstenwege. Der kann nie wieder verzagen, der diesen Tropfen getrunken; denn schon reicht sein Geist hinüber in die Welt des Unsichtbaren, und Missverstehen und Anfeindung können ihm nichts mehr anhaben.

Dir selbst ist eine Stätte heilig, da du in verzweiflungsvollem Kampfe gelegen, bis du Gott hast eintreten fühlen, der dir Frieden ins Herz goss. Dir ist die Stätte heilig, da ein entscheidendes Wort für dein ganzes Leben gefallen ist. Darum wandle du so, dass den andern deine Spur heilig sei, und dass du beim Rückblick auf dein Leben mit stiller Andacht fühlst: An dieser und jener Stelle, da kam Gott zu mir!

Noch einen andern heiligen Berg meint der Prophet, noch einen anderen Märtyrer, der nicht nur ein Volk, der alle Völker aus der Knechtschaft zur Freiheit führte. Das war der Ölberg, und der dort kniete und mit Gott redete, war Christus. Er, der Reine, der erhabene Gottessohn, musste es dennoch kosten, dies einsame Ringen in dunkler Nacht, die Todesangst, das Verlassensein von Gott und Menschen! Auch er musste zagen, bevor er die Kraft fand, das zu erdulden, was allein seine Lehre ewig machen konnte. Aber auch er ging strahlenden Antlitzes aus Gethsemane hervor und blieb ein Sieger über seine Peiniger, bis zuletzt, ein Tröster der Leidenden, bis zuletzt, ein Ermahner der Wankenden, bis zuletzt. Er hatte mit sich, seinem Leben, seiner Qual abgeschlossen. Nur für die anderen öffnete er noch die Lippen.

Und ihr, die ihr desselben Gottes, desselben Geistes Kinder seid, wäret ihr im Stande, euch so der menschlichen Schwäche, die vor dem Leiden zagt, zu entäußern, euch aufzuschwingen über euch selbst und alles Ungemach zu verachten?

Moses auf dem heiligen Berge zagte vor dem Leben, Christus auf dem heiligen Berge zagte vor dem Tode. Aber Moses stieg nieder, von neuer Kraft und göttlichen Gedanken erfüllt, sein Riesenwerk zu vollbringen. Christus stieg nieder und trug sein Kreuz.

Der vor dem Leben zagt, dem hilft Gott. Der vor dem Tode zagt, dem steht Gott nahe. Nicht unwürdig ist es, zu zagen, da die Größten und Heiligsten gebebt! Aber unwürdig ist es, nicht geläutert und veredelt aus der Schreckensstunde hervorzugehen, nicht von da an mit ruhiger Hand Segen und Frieden zu spenden, ohne noch einmal an sich zu denken. An seiner Heiterkeit soll man erkennen, wie viel ein Mensch gelitten, an seiner Ruhe den Anfechtungen gegenüber, an seiner Milde, wenn andere ihn zum Zorne reizen möchten. Nicht Tränen und Seufzer, nicht gefaltete Brauen und zuckende Lippen verkünden den standhaften Christen. Ein Lächeln kündet ihn, sein ruhiges Auge, das in weite Fernen zu schweifen scheint, da es so viel gesehen und sich in andere Augen senkt, um mit einem Blick in der Seele zu lesen. Sein Gang kündet ihn, der freie, leichte Gang, als wäre er getragen von Gottes Nähe und geführt von Gottes Hand. Seine Stimme kündet ihn, die in weiche Tiefen gesunken ist, voll Himmelsharmonie. Kein schriller Ton mehr darin, der von irdischem Hader und Kämpfen zeugt, sondern es wird eine Stimme, bei der die Kranken einschlummern, die Leidenden lächeln, die Streitenden schweigen, die Bangenden hoffen. Viel, viel muss der Mensch gelitten haben, bis er zu solcher Ruhe durchdringt, groß muss seine Verantwortung gewesen sein und blutig sein Zweifel und sein Kampf. Hat er sie aber errungen, so kann nichts sie mehr erschüttern; denn das Gefühl der Gottesnähe kann ihn nicht mehr verlassen! Dessen Haus wird tausendmal gesegnet sein; denn wer dort eintritt, wird dieses Friedens teilhaftig und die Stätte segnen, da er sich dem Himmel der Vollkommenheit näher fühlt. Er wird nicht immer wissen, was ihn so lieblich umfängt und dennoch eine Ruhe über sich kommen fühlen, als wäre die Welt und ihre Pein nicht mehr vorhanden, als stünde er auf einem heiligen Berge und fühlte das Wehen von Gottes Odem um sich her. Dies ist der Lohn und der Trost derer, die gelitten haben, und dies ist der Sieg. Sie werden anderen zum Hause der Gerechtigkeit, zum hohen, heiligen Berge, zum friedvollen Hafen. Tausendmal gesegnet sei ein solches Alter, das an des Himmels Pforte noch einmal mit heiterm

Blicke umschaut und alle, alle hinanruft in des Friedens Reich. Amen.

***

Herr! Steige Du zu uns nieder, segne unser Haus, heilige unsern Berg, mach uns zur Wohnung der Gerechtigkeit! Schenke uns einen Tropfen der Ewigkeit, der uns hinaushebt über der Erde kleinlichen Jammer, der uns frei macht von Angst und Qual, der uns zum Friedenshafen macht für alle, alle Menschen! Kehre bei uns ein, o Gott! Dir ist kein Haus zu gering, kein Herz zu klein, keine Erkenntnis zu schwach. Du hast mit den Zweiflern Geduld, mit den Verzweifelnden Erbarmen! Du führest müde Wanderer selbst empor auf Deinen heiligen Berg Zion, da er in Dein Anschauen versinken darf und nicht mehr leiden. Amen.

9. Andacht: Vergebung

Die Worte, durch welche wir uns heute erbauen wollen, finden wir im 12. Kapitel des Evangelium Matthäi, im 12. Verse:

„Und vergib uns unsere Schuld, wie wir vergeben unsern Schuldigern."

Es ist wohl keine Bitte in diesem wunderbaren Gebet, das alle Leiden, Bedürfnisse und Verlangen der Menschheit in wenig Worten auffasst, die wir so oft wiederholen müssen, als: Vergib uns unsere Schuld! Es ist kein Tag, an welchem wir nicht gezwungen sind, dies zu sagen, und keine Stunde, in der wir nicht hoffen, Erhörung zu finden. So sicher, wie das Kind weiß, dass es nur die Worte auszusprechen braucht, damit man ihm nicht mehr zürnt, so zuversichtlich wenden wir uns an unsern Vater im Himmel, ob wir Vergebung verdienen oder nicht. Wenn wir lange draußen stehen müssen, so ist es nur, weil wir selbst den Weg zu ihm nicht gesucht und nicht gefunden haben, weil wir verhärtet und verstockt waren oder verzweifelt und nicht zu erbitten wagten, was wir so gar nicht verdienten! Aber, wen hätte Gott noch je von sich gewiesen, der ihn von ganzem Herzen gesucht? Er lässt sich immer finden. Wen hätte er nicht zurückgeführt auf gute Wege, der sich hat führen lassen? Freilich, wenn wir uns an ihn wenden, um der Strafe zu entgehen, so werden wir keine Erhöhung finden. Denn Gottes Strafen sind so furchtbar, weil sie nicht willkürlich sind, weil er nicht spricht: „Solches hast du getan und darum musst du solches leiden." – sondern weil die Strafe die unabwendbare Folge unserer Taten ist.

Es gibt nichts, wofür wir nicht gestraft werden; wir achten nur nicht immer darauf, denn wir vermeinen nicht, dass dies Strafe sei. Einem unbedachtsamen Worte müssen wir oft lange Zeit nacheilen um es aufzufangen und zu vernichten. Aber siehe, es fliegt schneller als wir und richtet vor unsern Augen unverbesserlichen Schaden an. Für eine kleine Lüge müssen wir zehn Lügen sagen und sind vor uns selbst erniedrigt, oder wir werden entdeckt und müssen es erleben, dass die Menschen kein Vertrauen mehr haben und unsere Unwahrheit nicht vergessen. Da wird es nicht besser, wenn wir sagen: Lieber Gott, mach, dass die Menschen mir wieder glauben! Es wird aber helfen, wenn wir sagen: Gib, dass ich nie wieder meinen Mund beflecke! Gib mir den Mut der Wahrheit und die Kraft, mich vor den Menschen nicht zu fürchten. Denn die Lüge ist nichts als Feigheit und Menschenfurcht! Nur um sich einem bösen Wort oder einem hässlichen Gedanken nicht auszusetzen, erniedrigen wir uns so und wollen dafür nicht leiden!

Wenn wir unsere Kinder einmal nicht ermahnen, weil die Mühe zu groß ist, so werden wir dadurch gestraft, dass ihre Fehler wachsen und uns unsägliches Leid bereiten, das Gott nicht von uns nehmen kann, wie sehr wir ihn auch bitten. Und von Sünden nicht zu reden, deren Folgen unsere Kinder und Kindeskinder heimsuchen, Fehler, die wir in uns genährt und die sie verstärkt von uns erben, Leiden, die wir von ihnen hätten abwenden können, und wissen nun, dass wir sie unglücklich gemacht! So groß unser Vergehen, so groß und weittragend seine Folgen, die so sicher und unabwendbar sind, wie das Erfrieren der Blätter beim ersten Reif.

Wer glaubt, Gott werde willkürlich eingreifen und das Leben plötzlich ändern, das du dir gebaut, der wird bitter enttäuscht. Wo wäre denn die Weltordnung, wenn es Willkür gäbe? Nie und nimmer wird darin Gottes Verzeihen bestehen. Das wäre ein schwacher Vater, ein menschlicher Götze. Gott ist unerbittlich, wie das Schicksal. Wozu gab er uns denn Gewissen, Kraft, Einsicht, Erkenntnis, als um uns zu rüsten gegen die Versuchungen auf unserem Wege? Wenn wir sie dennoch missbrauchen, so müssen wir die Folgen ertragen. Und der böse Mensch, der vor unseren Augen im Wohlleben schwelgt, er allein weiß, welche furchtbaren Strafen ihn ereilen, und der Gerechte, der vor unseren Augen zu keinem Glück kommen kann, er allein weiß, wo er gefehlt und was er austrinken muss. Keiner wird es erzählen, warum und worin er leidet, und viele wollen es sich selbst nicht gestehen, um den Himmel anklagen zu können. Gottes Verzeihen besteht in dem Frieden, der sich auf einmal wie Tau in dein Herz gießt, in dem festen Willen, die Folgen deiner Taten zu ertragen und womöglich zu besiegen, in der Erkenntnis, die deine Augen öffnet über dich selber, über die Welt, über den Weg, den du zu gehen hast. Du allein weißt, worin er dich straft.

Nun aber hat diese Bitte einen Nachsatz: So wie wir vergeben unseren Schuldigern!

Nur so viel soll uns Gott vergeben, wie wir unseren Schuldigern! Aber wie vergeben wir denn? Wie vergeben wir das hastige Wort, das wir oft im ganzen Leben nicht vergessen? Wie vergeben wir die Tat, die uns ungewollten Schaden zufügt? Wie vergeben wir das Missverstehen, das uns so schwer gekränkt? Nicht eher, als bis wir gewiss sind, dass der andere leidet, so wie wir leiden, nicht eher, als bis wir ihn vor uns gedemütigt sehen, nicht eher, als bis er uns in den Himmel erhebt. So steht es mit dem Verzeihen, das wir alle Tage ausüben sollten, das so tief in unseren Herzen wohnen sollte, dass der andere seine Fehler oder sein Vergehen gegen uns nicht einmal bemerkt, da wir es zugedeckt und still verborgen.

Wie aber, wenn man mit frecher Hand in unser Leben eingegriffen, uns an Leib und Gut geschädigt, unser Dasein zerstört, wie verzeihen wir dann?

Die wir gewöhnlich Verbrecher nennen, für die haben wir Strafen, die den Menschen keineswegs bessern, die menschliche Gesellschaft aber vor ihrem kranken Gliede sicher stellen. Diesen verzeihen wir gern und sagen: Die armen Leute! Auf Lebenszeit gefangen!

Die andern aber, die uns viel, viel mehr genommen als Hab und Gut, mehr als das Leben, und die vor kein Gericht und in kein Gefängnis kommen, sondern reicher, glücklicher, zufriedener sind als wir, wie verzeihen wir denen? Und wie viel müssen wir dem vergeben? Wir haben hierauf keine Antwort, denn unser Herz würde schweigen. Aber das Christentum hat eine Antwort: Siebenmal siebzigmal sollen wir vergeben, wenn wir Kinder Gottes heißen wollen!

Wo ist unsere Vollkommenheit, die uns das Recht gibt, zu richten? Wir sind ebenso von Leidenschaft verblendet wie sie, und zwischen den Rachegedanken und ihrer Ausführung liegt manchmal nur die Möglichkeit oder die Furcht, noch unglücklicher zu werden.

Es scheint fast übermenschlich, zu verzeihen, was uns zu Bettlern gemacht, an Leib oder Seele. Unser erstes Gefühl ist Rache. Wir bedenken dann nicht, dass die Rache uns das Verlorene dennoch nicht zurückgibt und nichts in uns zurücklässt, als ein Gefühl der Reue und Zerknirschung, da wir uns den Tieren gleich gemacht. Wie manches würde sein Gift verlieren und seinen Schmerz, wenn wir uns selbst ganz vergessen könnten und dem anderen vergeben! Es gibt Dinge, die sich wirklich wieder ausmerzen ließen, wenn man nur ernstlich wollte, wenn man nicht Mauern zwischen sich aufrichtete und sein Herz gewaltsam verschlösse, indem die alte Liebe so gern wieder aufwachen möchte mit dem Sehnen nach Versöhnung und nach einem freundlichen Worte. Wie selten geschieht das Böse um des Bösen willen! Es geschieht aus Verblendung, aus Leidenschaft, aus Genusssucht, aus Selbstsucht, aus Schwäche. Und wenn wir uns und unser Leiden nicht beachten, so würden wir milde sein und ergründen, warum es geschehen, und Nachsicht haben für des Bruders Sünde. Wie vieles entschuldigen wir, wenn es uns nicht getroffen! So entschuldige doch, was dich verletzt! Dann erst bist du des Christentums wert! Aber in dir lodert ein Hass, der vielleicht noch viel sündhafter ist als das dir zugefügte Übel, und der dich taub und blind und sinnlos macht, zu deinem eigenen Leid und Unglück.

Die Leute, die Christus ans Kreuz schlugen, waren vielleicht gar keine bösen Menschen. Sie meinten sogar, etwas Gerechtes und Gutes zu tun und eine große Gefahr von sich abzuwenden. Ihnen fehlten nur Einsicht und Verständnis. Die großen Entdecker Columbus und Galilei waren nur durch Torheit und Unverstand gefangen und verurteilt, von eifrigen Christen und Leuten, die Gott wohlgefällig zu sein glaubten.

Die Edelsten und Höchsten sind am meisten verkannt und misshandelt worden und haben keine Rachegedanken beherbergt, weil ihre Einsicht und Vernunft höher standen als der Pöbel, der sie umgab, höher als ihr eigenes Herz, das sich vor Bitternis verzehrte.

Ja, selbst im Heidentum sehen wir den größten Bildhauer von seinen Mitbürgern des Diebstahls angeklagt und den größten Weisen im Gefängnis den Giftbecher leeren, ohne zu klagen.

Erhebende Beispiele, wahrhaft göttlichen Verzeihens, haben wir genug. Wir brauchten uns also dessen nicht zu schämen. Denn wir schämen uns dieser edelsten unserer Regungen, als einer Schwäche. Wir reizen und nähren unseren Zorn, wenn wir ihn kühler werden fühlen, und sagen, es sei charakterlos, zu vergeben! O, wann ist Milde charakterlos! Wann ist Güte Schwäche! Wann ist Geduld verächtlich!

Zur Milde, Güte und Geduld gehören ein eiserner Wille, eine absolute Selbstverleugnung und eine Demut, die sich selbst gering achtet und verschwinden möchte hinter der größten Tat, als wäre sie von anderen vollbracht.

Das schönste Recht des Herrschers ist das Begnadigen, da, wo die menschlichen Gesetze kurzsichtig, streng, nach dem Buchstaben gerichtet. Das erhabenste Recht des Menschen ist zu verzeihen. Amen.

***

Lehre uns Dein göttliches Verzeihen und Erbarmen im Herzen tragen, Gott, und habe Geduld mit unserer Schwäche. Mache die Last erträglich, die die eigene Torheit auf unsere Schultern geladen, tröpfle Balsam in den Wermutskelch, den wir uns selbst gefüllt und den wir leeren müssen. Und wenn wir zu Tode gekränkt sind, so lass die Kränkung in uns sterben und alles Niedrige töten, uns aber reiner, freier, erhabener aus der Bitternis hervorgehen. Vergib uns! Ach, vergib uns unsere Schuld und mach uns stark, unseren Schuldigern zu vergeben. Diese Herrschaft, diese höchste Macht gewähre uns Gott, der Du uns Mitleid und Milde gelehrt! Gib uns Geduld und Güte, dass wir ihm gleich seien, der betete: Vater! Vergib ihnen, denn sie wissen nicht, was sie tun! Amen.

10. Andacht: Über Leid und Zuversicht

Die Worte, die unserer Betrachtung zu Grunde liegen, stehen verzeichnet im zweiten Brief Pauli an die Korinther, im 4. Kapitel, im 8. Verse:

„Wir haben allenthalben Trübsal, aber wir ängstigen uns nicht. Uns ist bange, aber wir verzagen nicht."

Auf jeder Seite des Lebensbuches finden wir Trostesworte: Der große Meister wusste wohl, wie reichlich unser Leben mit Trübsal durchwoben, und von seinen Jüngern hat keiner gute Tage gekannt. Paulus ahnte wohl seinen gewaltsamen Tod und das Leiden aller derer, die ihm anhingen. Er wusste aber auch, dass ein starker, fester Glaube hinausträgt über jegliches Ungemach. Wohl sind wir eifrig bemüht, uns das Leben leichter, schöner, glücklicher zu machen. Aber wie klein ist die Summe der Genüsse im Verhältnis zu den Leiden, Sorgen, Widerwärtigkeiten, Enttäuschungen, die uns täglich und stündlich bedrücken. Wie aber würden wir sein, wenn wir nur gute Tage hätten, ohne das Bittere, das uns zum Kampfe spornt? Wir würden uns in die Sonne legen, so lange sie scheint, und nicht Hand noch Fuß mehr rühren. Arbeit ist nur bei sehr wenigen Menschen ein natürlicher Trieb. Die meisten arbeiten nur, weil sie müssen, und kämpfen nur, um nicht zu Grunde zu gehen. Einige Auserwählte sind von unaufhörlichem Schaffensdrang getrieben; das sind diejenigen, welche allen anderen das Leben verschönen sollen. Aber auch sie leiden große Qualen und freuen sich nur sehr selten an dem, was sie hervorgebracht.

Ein Hauptjammer unserer Zeit ist, dass die Güter so ungleichmäßig verteilt sind, die leiblichen wie die geistigen. Man möchte gleich machen, was Gott ungleich geschaffen hat. Wo bliebe denn die Weltordnung, wenn es nicht Leute gäbe für jedes Geschäft, und wenn es nicht solche gäbe, die das Schöne bezahlen können, an dem sich nachher so viele Tausende freuen? Denkt euch eine Welt, die in gleichmäßige Parzellen geteilt wäre, und in der es verboten wäre, mehr zu erwerben als diese eine Parzelle; eine Welt, in der kein Mensch mehr Verstand und Einsicht haben dürfte als der andere. Was würde geschehen? Wir würden werden wie das Vieh, das seine Furche zieht und dann an die Krippe gebunden wird. Warum gibt es denn Elefanten und Regenwürmer, Vögel und Maulwürfe, Fische und Fliegen? Und warum sind sie alle wieder so verschieden untereinander, dass man ihre Geschlechter nicht zählen kann? Wohl haben wir vor ihnen voraus, dass wir uns nach einem besseren Zustande sehnen, dass wir nach Vervollkommnung streben, dass wir es besser haben möchten. Nur irren wir in einem Punkte: Wir nehmen uns andere Menschen zum Vorbilde und möchten so sein wie sie, bloß, weil wir ihre heimlichen Leiden und Bitternisse nicht kennen. Der Fisch darf nicht sein Element, das Wasser, verlassen wollen und wie ein Vogel werden. Die Luft, die dem Vogel Leben und Schwingen leiht, bringt ihm den sicheren Tod. Ein Vierfüßler kann nicht unter das Wasser gehen und so zufrieden darin leben wie die Amphibien. Er muss in wenig Augenblicken ersticken. Nur im eigenen Elemente kann jeder nach Vervollkommnung und nach Wohlsein streben, und darum werden jedem seine ganz besonderen Trübsale gesandt. Es sind die Sporen, die Peitschenhiebe, die uns vorantreiben auf dem steilen Wege, Leben genannt. Da klimmen wir alle, der eine schneller, der andere langsamer, der eine leichter, der andere schwerer beladen, der eine in jähen Sprüngen, der andere in stetiger Gangart, einer unbekannten Höhe zu. Wir sind von dem einen Gedanken getragen, dass dort oben ewige Sonne scheint. Wie aber, wenn wir diesen Glauben verlieren, wenn es uns ist, als wäre all unser Steigen nur Schein in lauter Sand und Asche, ein beständiges Zurücksinken und immer tiefer Sinken bis in den Moorgrund hinab, aus dem es kein Entkommen gibt? Wie vielen legen sich solche Gewichte von Trübsal auf die Schultern, dass sie keines Schrittes mehr fähig sind. In solchen Momenten darf man wohl mit gebeugten Schultern stille stehen und nach Atem ringen und harren auf die Himmelskraft, die leise unsere Glieder durchströmt und unsere Augen von der Finsternis befreit, die sie den Weg nicht mehr erkennen ließ.

Gott verzeiht sogar ein bebendes: „Ich kann nicht!“, das aus geängsteter Seele zu ihm aufsteigt. Aber er weiß, dass du kannst; denn er hat deine Kraft dir zugeteilt, ehe denn du geboren warst. Bei neuer Trübsal sind wir nur oft so erstaunt, so erschrocken, und darum scheint sie uns erträglich.

Auch sind wir zuerst so ungeduldig; wir meinen, wir könnten den Schmerz oder die Sorge von uns abwälzen und nachher wieder so fröhlich sein, wie zuvor. Es dauert lange, bis wir einsehen, dass wir das erlittene Leid immer leiden, dass wir es nicht vom Herzen entfernen können, sondern mit demselben weiter leben müssen, ein neues, ernsteres, schwereres Leben. Wir müssen lernen, mit freundlichem Antlitz den ewigen Schmerz der alten Wunde zu ertragen.

Nicht nur in der Schlacht ist man ein Held, auch nachher, beim Ertragen der Wunden, der Verstümmelungen. Darum wird das Leben immer schwerer, je weiter wir vorankommen.

Wir stehen wie die Tannen am Bergeshang, zuerst schwach und klein, im Schutz der anderen, im Schutz des Felsens, in den wir gewurzelt; je höher sie wachsen, je mehr fasst sie der Sturm, und die überragenden Kronen werden vor allem gebeugt und geschüttelt. Im Dunkeln, am Grunde glaubt man sich erstickt, unterdrückt, und später sehnt man sich in den Frieden zurück, wenn der Sturm braust, wenn rechts und links die Gefährten fallen und wir immer einsamer stehen, mit zerbrochenen Ästen. Es kommt eine Zeit, da wir mit dem Sturme ganz vertraut werden, der uns immer wurzelfester und knorriger macht; wir ängstigen uns nicht mehr, weil wir so viel erlebt und überlebt haben und gesehen, dass Gottes Sonne doch noch jeden Morgen über uns aufgegangen, dass das Frühjahr immer noch wieder gekommen, dass das Erdreich bis dahin uns noch getragen. Es kommt sogar, dass das Leben, das wir so oft verwünscht und dem wir gern ein Ende gemacht hätten, uns köstlich erscheint, als ein großes Gut, das die vielen Trübsale nur wertvoller gemacht haben. Und das letzte Stündlein will uns nicht mehr süß erscheinen. Fast wird uns davor bange. Dann aber legt uns Gott die Hand aufs Herz, dass wir sein Kaltwerden nicht fühlen, und dass wir furchtlos hinüberschlummern aus dieser wunderbaren Welt, an der wir uns müde geschaut, in der es für uns keine Trübsal, keine Bangigkeit, kein Verzagen mehr gibt. Amen.

***

Vater! Gib Du uns Kraft in der Stunde der Not und Trübsal, dass wir vor Dir nicht feige stehen und zittern, wir, die von Deiner Hand geschaffen, von Deinem Hauch beseelt. Lehre uns die Last tragen, die Deine weise Hand auf unsere Schultern gelegt! Wir wissen es, wir können es tragen, wir wollen es tragen, es kommt nie schwerer, als wir's tragen können. Denn, wenn wir nicht mehr können, dann ist das Ende da und die Seligkeit; dann winkst Du uns leise heran, und wir fliegen in Deine Arme, von aller Erdenlast befreit. Nein, wir verzagen nicht, denn wir sind Dein! Nein, wir beben nicht, denn Du wirst den Sturm vorüber brausen lassen, der uns beugt und schüttelt! O, Vater! Wir wollen Dein Same sein, von Deinem Geist als Lebenssaft durchströmt, von dem Funken Deines Willens beseelt, erwärmt, verklärt! Die Wunden, die

Deine Hand uns schlug, haben uns das Heldentum erringen lassen; darum danken wir Dir auch für die Wunden! Ziehe Deine Hand nicht zurück, sondern reiche sie uns wieder! Amen.

11. Andacht: Weibliche Schönheit

Die Texteswort zu unserer heutigen Andacht finden wir im Buche Sirach, im 26. Kapitel, im 21. Verse:

„Wie die Sonne, wenn sie aufgegangen ist, in dem hohen Himmel des Herrn eine Zierde ist: also ist eine tugendsame Frau eine Zierde in ihrem Hause.“

So viel Kraft, so viel Licht und Wärme erwartet der gewaltige Prediger von der Frau, wie von der Sonne, nicht weniger. Und er tut wohl daran. Denn die Macht der Frau weht durch das ganze Haus; du fühlst sie in dem Augenblicke, wo du dasselbe betriffst, längst bevor du die Herrin gesehen. An der Schwelle erkennst du sie und stehst unter dem Banne ihres Seins und Schaffens. Dasselbe gilt von Palast und Hütte; ob es Teppich oder Estrich ist, den dein Fuß betritt, ob ein betresster Diener oder barfüßiges Kind dir entgegenkommt, ob ein Prunkgemach oder die Küche dich aufnimmt, – die Herrin des Hauses redet laut zu dir; du kennst sie ungesehen. Und wenn sie wie die Sonne ist, dann ist ihr Gang wie der Himmel, licht, frei, heiter. Wenn sie die Reinheit auf der Stirne trägt, die Arbeit in der Hand und die Liebe im Herzen, dann breitet es sich wie Duft und Schein um sie her, ihre Kinder blühen und ihre Blumen, ihr Mann lächelt, wenn er müde heimkehrt, der Gast wird froh, dem sie entgegentritt, dem Kranken wird wohler beim Klang ihrer Stimme, der Notleidende erfährt größere Hilfe durch ihren klugen Rat als durch ihre kleine Gabe.

Es ist nicht so schwer, eine solche Frau zu werden. Nur eine Gabe ist dazu erforderlich: Liebe!

Eine Frau, die liebevoll und liebebedürftig ist, kennt weder Mühe noch Opfer, weder Müdigkeit, noch Mutlosigkeit; denn sie lebt nie für sich, nur für die anderen. Sie fragt nicht: „Werde ich glücklich sein?", sondern: „Werde ich glücklich machen?". Und es ist wunderbar, wie diese Frage, wenn man sie sich alle Tage seines Lebens vorlegt, den Sinn schärft und die Augen öffnet. Nie soll man sich zur Ruhe legen, ohne sich zu fragen: „Wen habe ich heute glücklich gemacht?", und den Tag für verloren ansehen, an welchem man nicht irgend einem Menschenkinde Wärme und Freude ins Herz geschienen hat.

Ja, Freude sollst du um dich verbreiten, du frische Maid, mit deiner dienstwilligen Hilfe, mit dem Beispringen den Schwächeren, mit dem leichten, fröhlichen Schaffen deiner jungen Arme, mit den hellen Gedanken deines jungen Herzens. Freude sollst du geben, du starke Frau, mit dem lächelnden Tragen der täglichen Sorgen, mit dem treuen Teilen jeder Mühe, mit der unauslöschlichen Geduld und Langmut im Übersehen der Fehler und Schwächen. Freude sollst du gewähren, du echte Mutter, mit der stillen Sorge für deine kleine Schar, mit dem Abwehren der Gefahren und dem Darreichen deiner unerschöpflichen Liebesschätze, die jedem Kinde neu entgegenströmen, wie die Milch aus deiner Brust. Freude sollst du lächeln, du Greisin mit der müden Schläfe und dem silberweißen Haare, Freude an dem errungenen Frieden nach allen Stürmen, Freude an der fröhlichen Jugend, die dir nachblüht, Freude an dem Lichte, das du durch die Himmelspforte schon flimmern siehst. Vom rosenroten Aufgang bis zur vollkräftigen, fruchtreifenden Mittagshöhe, zum goldenen, friedliche Schatten werfenden Abendrot, kannst du Sonne sein, und wohl dir, wenn du es bist.

Ihr Männer aber sollt eure Frauen also halten, als wären sie euer Sonnenschein. Dazu gehört wiederum nur eines: Liebe!

Eine ungeliebte Frau ist wie eine Blume, die im Nordwinde steht. Sie möchte blühen, aber sie entfaltet nur kümmerlich ihre Blätter, und wenn sie in voller Pracht stehen sollte, so welkt sie hin. Eine ungeliebte Frau ist in seiner Kraft gebrochen, wie ein Fluss durch ein Wehr. Das Wasser, das breit und voll dahinströmen wollte, steht zurückgestaut und weiß nicht wohin. Eine ungeliebte Frau ist wie die Sonne im Winter, von Sturmeswolken bedeckt, vom eisigen Hauche bekämpft, der ihre Wärme nicht erreichen lässt.

Ein Mann, der seine Frau lieb hat, wird täglich neue Schätze an ihr entdecken; er wird sie hoch halten, die um seinetwillen Schmerzen und Todesgefahren, Sorgen und Kümmernisse erdulden muss; er wird ihr dankbar sein, die sein

Haus zur Ruhestatt für ihn gemacht und seine Kinder zu braven Menschen.

Ja, die Frau besitzt eine Kraft über alle Kräfte und eine Würde über jeden Rang erhaben und eine Schönheit, höher, als was die Erde Schönstes gewährt: Sie ist Mutter! Mutter ist Anfang- und Endzweck ihres Daseins. Mutter ist der höchste Titel, der ihr gewährt werden kann. Mutter ist ihr Heldentum, ihr Martyrium, ihr Lorbeerkranz, ihr Kampf und Sieg, ihr Leben und Sterben! Und so stark wohnt dieses Gefühl in jeder Frauen Brust, dass sie schon im zartesten Alter die Zarteren beschützt, dass sie bald den alternden Eltern zur Mutter wird, ja, dem Manne, für den sie liebreich sorgt, und ist ihr eine Familie versagt, diese Himmelsgabe den Fremden verschenkt, nur weil sie von ihr hinausströmen muss in ihrer großen Gewalt. Selbst eine verlorene Frau kann sich durch diese Gabe, die jede Selbstaufopferung mit sich bringt, aufrichten, erheben, vor sich selbst und den Menschen wieder rein werden und gut.

Darum ist eine schlechte Mutter ein so trostloser Anblick, dass die Männer an sich selbst verzweifeln, die das erleben müssen; denn eine solche Frau ist niedriger als ein Tier, das für seine Jungen das Leben lässt.

Wenn du einen großen Helden auf dem Schlachtfelde oder im Reiche des Geistes siehst, einen Herrscher im Denken und Erfinden, so sei gewiss, er hat eine seltene Mutter.

Und ihr Mütter denkt, dass das kleine Wesen unter eurem Herzen und in euren Armen von euch Gutes und Böses empfängt, Begierden und Wünsche, Reinheit und Güte, alles, alles, und dass es in eurer Macht liegt, es glücklich oder unglücklich zu machen, wohl verstanden, seiner inneren Anlage nach. Denn Glück und Unglück bringt ein jeder mit ins Leben: so wie er seine Schicksale anblickt, so sind sie für ihn.

Der Mutter Geduld im Leiden, der Mutter Dankbarkeit für jeden Lichtstrahl, für jede gute Stunde wirkt in den Kindern fort, wie der Mutter Unzufriedenheit auch ihr Gemüt verbittert und es verschließt gegen alles, was sie erfreuen könnte. Unergründlich ist der Mutter geheimes Wirken. Sie kennt es selber nicht und sieht erstaunt reifen, was sie unbemerkt gesät, und ebenso erstaunt verkümmern, was sie pflegte.

Auch sie muss durch Irrungen und Fehler gehen, wie nahe der Öffentlichkeit auch ihr Beruf ist, und wie sonnengleich auch ihre Liebeskraft. Doch darum stehe ihr der Mann auch schützend zur Seite und erleichtere ihre Last, auf dass in gegenseitiger Hochachtung ein starkes Geschlecht von Gotteskindern erblühe. Amen.

***

Dass wir aneinander unsere höchste Liebespflicht erfüllen, dazu hilf Du uns, Vater, der Du uns so verschieden ausgestattet, auf dass wir einander ergänzen und helfen und emporwachsen zu Deiner Nähe. Mache uns gut, Vater, vollkommen, rein, da Du uns gelehrt, was Vollkommenheit sei. Wir Begnadeten durften den hohen Gedanken erfassen, der uns leuchtet wie die Sonne, der uns willig macht, alles daran zu setzen, damit unsere Kinder besser und reifer werden als wir. Wenn wir auch oftmals irren, so wirst Du uns unterweisen, Vater, und unseres vielfältigen Strauchelns nicht müde werden. Gib, dass unser Haus ein Himmel sei, voll von dem Sonnenglanz Deiner Liebesgewalt, wo kein Opfer groß, kein Verzeihen schwer, kein Dank vergessen sei. Amen.

12. Andacht: Vertrauen in Gottes Wort

Die Texteswortе, die unserer heutigen Andacht zu Grunde gelegt sind, finden wir verzeichnet im Evangelium Johanni, im 1. Kapitel, im 11. Verse:

„Er kam in sein Eigentum, und die Seinen nahmen ihn nicht auf."

Diese einfache Klage des Evangelisten, den der Herr lieb hat, wirkt doppelt rührend, nach dem großartigen Eingang: Im Anfang war das Wort, und das Wort war bei Gott, und Gott war das Wort. Dasselbige war im Anfang bei Gott. Alle Dinge sind durch dasselbige gemacht, ohne dasselbige ist nichts gemacht, was gemacht ist.

Es liegt eine elementare Gewalt in diesen Gedanken; er nennt das Höchste „Wort“, weil es für uns Menschen der Ausdruck des Geistes, des Willens, der Kraft ist. Das Wort gibt uns die Herrschaft über die Schöpfung, das Wort ist der Fittich, auf dem wir uns über uns selbst erheben. Das Wort ist die große Erbschaft, die uns aus einer anderen Welt kommt und uns zu derselben emporzieht. Der Jünger will uns zeigen, dass des Wortes, also des Gottesgeistes Inbegriff, Christus war, der angebetete Meister, der nur von Ewigkeit sein konnte, weil sein Wort ewig war, das fühlte Johannes, der an seinen Lippen gehangen bis zum letzten Seufzer. Noch zittert der furchtbare Schmerz der Kreuzigungsstunde durch die Klage: Er kam in sein Eigentum, und die Seinigen nahmen ihn nicht auf.

Der unerkannte Königssohn im dürftigen Gewande, der Welten zu verschenken hat, dessen Liebesfülle alle Türen und Tore sprengen sollte, muss draußen stehen und Spott und Verfolgung von den gemeinsten Knechten ertragen. Und er straft sie nicht, er verachtet sie nicht einmal, er gibt Liebe um Liebe hinaus, für die noch ungeborenen Geschlechter, die seiner bedürfen werden, ehe denn sie es wissen.

Es hat etwas Trostloses zu denken, auf welche Weise die Menschheit die meisten ihrer Geisteshelden aufgenommen. Es scheint fast, als könne sie den Aufschwung nicht nehmen und wolle deshalb den fesseln, der sie mit sich emporheben möchte. Selbst den lang erwarteten Messias nagelt sie ans Kreuz, weil er neue Worte redet, welche die Welt verändern, weil er nicht in der Erscheinung gekommen, in der sie ihn sehen wollte. Und käme er heute wieder, er würde auch heute nicht erkannt; man würde den Schwärmer unschädlich machen wollen und hundert Jahre nach seinem Tode nur seine Worte als ewige Wahrheit verkünden, die Vorgänger verachtend, die ihn nicht erkannt.

Einigen auserwählten Kinderseelen wird das zeitige Erkennen zuteil; aber auch sie werden verlacht ob ihrer Glaubensseligkeit. Wunderbar ist es aber zu schauen, wie diese einfachen, kindlichen Menschen treu an ihrer Erkenntnis festhalten, sich dafür steinigen, verbrennen, von wilden Tieren zerreißen lassen und dadurch neue Anhänger dem neuen Glauben gewinnen. Wenn in unserer Zeit über Mangel an Glauben geklagt wird, so ist es nur der Mangel an Verfolgung. Die Menschen sind nicht mehr so eifrig, zu beweisen, was niemand bezweifelt, bis sie alle in Gleichgültigkeit einschlummern. Sie denken nicht, dass wir noch heute die Flammen der Schmerzen, der Versuchung bestehen sollen, sie waffnen ihre Kinder nicht gegen die wilden Tiere in der eignen Brust und reden lieber wie der große Haufen, nur um nicht gesteinigt zu werden.

Das Christentum hat keinen praktischen Wert. Es gibt weder Reichtum, noch Rang, noch Ansehen; man kann damit keinen unterjochen, um auf seine Schultern zu steigen. Das Christentum ist die Religion der Armen. Und alle wollen reich sein. Das Christentum ist die Religion der Aufopferung und niemand will sich opfern. Das Christentum ist die Religion der Leidenden. Und alle wollen glücklich sein. Aber zwischen Wollen und Sein liegt eine so ungeheure Kluft, die mit allerhand Sünden, Niedrigkeiten, Erbärmlichkeiten ausgefüllt wird und doch immer noch den Strebenden, Gewinnsüchtigen angähnt, auch wenn er Ehre und Reinheit, Güte und Frieden hinabgeworfen. Er wird nur immer ärmer, immer trauriger, immer wertloser, klagt Gott und Menschen an, nennt sich einen Pessimisten, der alles nur von der schlechtesten Seite ansieht, weil er selbst sein Leben vom verkehrten Ende angefangen, und, was am Schlimmsten ist, er macht Schüler und Anhänger für seine Lehren, dass alles so schlecht wie möglich ist. Und seine Schüler, leidenschaftlicher als er selber, bringen seine Lehre zu solcher Blüte, dass sie notwendig zum Selbstmord führt. Wenn man den Menschen eine geraume Zeit hindurch beständig sagt: „Das Leben ist unerträglich!“, so wird es unerträglich. Es kann das jeder an sich erfahren: man schweigt und sucht über eine Widerwärtigkeit ruhig Herr zu werden, - siehe, so wird sie langsam kleiner. Redet man aber davon, so wächst sie und wird riesengroß. Ein Mensch ist dir nicht sehr lieb oder angenehm. Du machst dir im Stillen Vorwürfe und überwindest auch seine Abneigung. Sobald du aber darüber redest und gar andere deiner Meinung findest, wird er dir immer unerträglicher, und du kannst dich zuletzt in einen Hass gegen ihn hineinreden. So machen es die Pessimisten; sie reden so lange über die böse Welt, bis sie nur noch den einen Gedanken haben, sie zu verlassen, und selbst stürzen sie in die Kluft hinein, die sie nicht haben füllen können.

Während dem baut der Christ eine luftige Brücke aus Christi leuchtenden Worten, die Tragkraft haben, und über allen Jammer hinweg schreitet er dem hohen Ziele entgegen.

Noch heute gehört eine kindliche Seele dazu, um ihn aufzunehmen. Noch heute gehört Mut dazu, ihn wirklich zu bekennen; denn seine Lehre ist so vielfach verdunkelt worden, dass man sie oft nicht mehr erkennt, noch versteht. Nur wer still zu ihm zurückkehrt und sein Bild selbst vor seine Seele zaubert, der wird sich neu durchströmt fühlen von seiner lichten, tiefen, himmlischen Lehre, der wird zu den Seinen gehören und ihn aufnehmen und bekennen. Amen.

***

Komm zu uns! Komm in Dein Eigentum, Herr! Wir harren Dein! Wir machen unsere Herzen bereit, Dich aufzunehmen. Wir danken täglich von neuem, dass Du uns leben gelehrt. Wir wollen nicht zweifeln an Dir und an Deiner heiligen Weltordnung. Denn Du gabst uns Dein Wort und in dem Worte Deinen Geist und Deine große Kraft. Wir wollen nicht am Lebensabend einsehen müssen, dass wir Dich nicht erkannt und nicht aufgenommen, als Du in uns Einkehr halten wolltest. Wir sind Dein Eigentum, Herr! Du hast es uns gelehrt. Wir wollen nichts anderes sein, als Dein in Ewigkeit. Amen.

13. Andacht: Der Geist Gottes

Die Worte, durch welche wir uns erbauen wollen, finden wir verzeichnet im ersten Briefe Pauli an die Korinther, im 12. Kapitel, im 4. Verse:

„Es sind mancherlei Gaben, aber es ist ein Geist."

Unsichtbar, unfassbar, zarter als Luft, stärker als Feuer, durchweht der Geist Gottes die Welt. Er fällt hierhin, dorthin, wie Blütensamen ins Erdreich. Je nach dem Erdreich entfaltet sich anders die Blume, und wenn sie genug geblüht, löst sie sich auf, und auf ihrem unsichtbaren Gefieder schwebt Geist und Leben zu neuem Gestalten weiter. Er gibt den Pflanzen oft so starkes Wurzelwerk, dass sie das Erdreich zusammenhalten, darin sie wachsen. Der schwächste Körper wird getragen und gestählt durch des Geistes Macht, und die verschiedensten Anlagen vereinigt er durch seine hohe Gewalt. Geist ist wie der Ton in einem Instrumente. Die Saiten können gelockert sein und kein Wohllaut unser Ohr erfreuen. Aber es schlummert die ganze Klangfülle darin: ein Ruck, und die Töne wogen wie zuvor. Diesen Schlaf nennen wir fälschlich Geisteskrankheit. Wie kann der Geist, der von Gott ist, krank sein? Nur der Körper ist krank und muss gesunden, bevor er die Kraft zur Darstellung bringen kann, die in ihm wohnt.

Es gibt Menschen, die sagen: Es gibt gar keinen Geist! Und dieselben glauben doch an Selbstbeherrschung! Wenn aber der Körper den Körper beherrscht, was wird denn aus ihm in der Krankheit? Dann müsste eine jede Krankheit den Menschen zum Tier machen, während sie ihn im Gegenteil meistens läutert und verklärt. Den längsten und leidenvollsten Krankheiten schreiben wir oft die ernstesten Entwicklungsmomente unseres Lebens zu. Warum? Weil wir dann allein an den Geist appellieren, uns in der Not zu stützen. Und wie lehrt er uns Schmerzen ertragen, wie führt er uns langsam von Bank zu Bank empor in der Leidensschule der Selbstbeherrschung! Dann, gerade dann steht er in voller Blüte, das zarte Haupt hoch über dem zerfallenden Erdreich wiegend und seinen Duft hinaussendend in alle Lüfte. Der Blumenduft lässt sich auch nicht greifen, noch wägen, noch bestimmen. Man kann die Blume in all ihre Bestandteile zerlegen und weiß dennoch nicht, warum die Rose anders duftet als das Veilchen oder das Heliotrop. Und doch ist der Duft so stark, dass er die längst verwelkte und verdorrte Blume überdauert, auf Jahre hinaus. Geist ist Kraft, und Kraft ist Geist. Warum schreien baumstarke Menschen in den Schmerzen, wenn sie nicht gelernt haben, den Körper sich untertan zu machen? Und warum ertragen die hochgeistigen Märtyrer jede Qual, der leidende Dichter jede Schmerzenspein? Ja, sie vergessen, dass sie leiden, dass sie den Körper nicht mehr fühlen, im Greifen nach dem Geiste Gottes, der ihnen innewohnt. Große Menschen werden mit dem schwächlichsten Körper fertig, wie große Meister mit den schlechtesten Instrumenten. Wenn ihnen ein Glied oder ein Sinn fehlt, sie ersetzen ihn und schaffen dennoch. Die Alten meinten, dass nur in gesundem Körper ein gesunder Geist wohnen könne. Wir aber nicht also; denn wir wissen, dass Gott in den Schwachen mächtig ist, dass er seine Gaben ausstreut, wie er will, und dass wir seiner Gewalt gehorchen müssen mit allen unsern Gaben. Wir brauchen nie mehr über Schwäche zu klagen; denn wir sind in den Stand gesetzt, sie zu überwinden. Nur rühmen dürfen wir uns wiederum nicht; denn wir wissen nicht, warum wir diese oder jene Gabe erhalten haben. Wir haben sie nicht einmal erbeten. Wir können sie auch nicht willkürlich vererben, da wir nicht wissen, wie sie gekommen. Sie ist darum auch nicht unser Eigentum, sondern gleichsam ein Darlehen, für das wir verantwortlich sind, und mit dem wir schalten und walten sollen. Wo nicht, so straft uns der Geist mit ewiger Ruhelosigkeit, mit ewigem Fasten und Suchen, so dass wir mit uns selbst im Hader liegen.

Und die Menschen leugnen den Geist, weil sie ihn nicht wiegen können. Weil sie das Triebrad nicht entdecken, so sagen sie: Es ist nicht da! – Und dabei sehen sie gedankenlos hin, wie die Kinder erfinden, was sie brauchen, ohne dass man es ihnen zeigt. Wer lehrt es ihnen denn? Wer hat uns Menschen denn gelehrt, was wir wissen von Anbeginn an? Warum machen die Tiere denn ewig denselben Bau, und wir erfinden und entdecken ohne Ende? Was wir in unserer kurzen Lebenszeit gesehen, überrascht uns selbst ja täglich. Das ist der Geist, der uns innewohnt und erfüllt, der uns begabt und unterweist, der uns erhält und beherrscht, erzieht und reift, tröstet und beglückt. Das ist der heilige Gottesgeist, von dem Christus gesprochen als dem Tröster! Ja, wohl ist er ein Tröster, dieser Funke aus der anderen Welt, in die wir nicht hineinreichen können mit unserem Verstehen, von der wir nur kindlich scheu und demütig die Gaben hinnehmen können, die wir nicht verdient, und die wir den Brüdern nutzbar und köstlich machen sollen, ohne Stolz, ohne Überhebung und Selbstgefälligkeit. Ja, wohl ist er nahe bei uns, der Tröster, wenn wir ihn nur fühlen wollen, wenn wir ihn nicht selbst zurückstoßen oder einhüllen in die Nacht unserer Körperschwäche und Mangelhaftigkeit. Dass wir ihn in höchster Klarheit aus uns herausleuchten lassen, dazu helfe uns Gott. Amen.

***

Komm, heil'ger Geist! Herre Gott! Komm und erfülle uns ganz mit Deinem Lichte! Lass uns nicht verharren in Nacht und Unwissenheit, in Willensschwäche und Unglauben. Dein wollen wir sein, Dich in uns erhöhen, Dir dienen mit den Gaben aus Deiner Fülle. Streu auf uns nieder, was wir Dir duftend entgegentragen sollen in herrlichster Blüte, und hilf uns, wenn wir an uns selbst nicht glauben, d. h. an Deine Macht in uns. Gib, dass wir immer Sieger seien über des Körpers Mattigkeit, über des Herzens Feigheit, über die Last der Stunde! Du bist stärker als unser Schicksal! Du bist stärker als unser Wollen. Du beherrscht uns mit Deiner Kraft, wenn wir verzagen. Komm, heil'ger Geist! Amen.

14. Andacht: Gott lieben

Die Worte der heiligen Schrift, durch welche wir uns erbauen wollen, finden wir im Brief Pauli an die Römer, im 8. Kapitel, im 28. Verse:

„Wir wissen aber, dass denen, die Gott lieben, alle Dinge zum Besten dienen."

Was versteht der Apostel unter „Gott lieben", und wie weit dehnt er den Begriff aus von dem, was uns zum Besten dienen soll?
Die meisten unter uns lieben Gott so wie ihre Nebenmenschen, d.h. gar nicht; denn sie denken nicht an ihn. Kaum, dass sie während der wenigen Augenblicke, die ein Gebet dauert, wirklich an ihn denken. Denn selbst während des Gebe-

tes trägt das Herz doch nur sein eigenes, kleines Selbst, mit seinen Sorgen und Kümmernissen beladen, zu seinen Füßen. Alle die andern, vielen Stunden aber, wer hat da Gott im Herzen! Du vergissest ihn bei der Arbeit, bei der Mahlzeit, für die du doch eben gedankt, vor allem aber bei deinem Verkehr mit andern Menschen. Sonst könntest du nicht so oft zum Zorne gereizt werden und so ungeduldig werden über die Schwäche der anderen. Du vergissest Gott jeden Augenblick und willst doch, dass er sich immer deiner erinnere, und hoffst, dass er dich in seiner Hand hält und kein Haar von deinem Haupte fallen lässt. Auf den Lippen brauchst du ihn nicht zu haben, sondern vor Augen, wie die Sonne. Aber so wenig wir an die Sonne denken, wenn sie da ist und unsere Saaten reift, so wenig denken wir an Gott, wenn unser Leben mehr oder weniger ruhig dahingeht. Nur wenn die Sonne sich verdunkelt und Gottes Antlitz sich abzuwenden scheint, dann rufen und flehen wir alle Tage nach Helle und Wärme, nach Leben und Lebenskraft.

Gott lieben! Aber Gott lieben ist gar nicht leicht; denn Gott fordert eine werktätige, aufopfernde Liebe, nicht eine gedankenlose Anbetung. Gott will fröhlich geliebt sein, mit hellen Augen und fleißigen Händen, mit reinen Gedanken und weitem Herzen. Das ist Frömmigkeit, so wie Christus fromm war, dessen Hand immer tätig, dessen Lippen sich nur zu Trostes- und Segensworten öffneten, dem nichts zu gering war für seine volle Hingabe und ungeteilte Sorgfalt, der keine Ruhe kannte, solange er auf Erden wandelte. Einer solchen Gottesliebe müssen alle Dinge zum Besten dienen.

Es gibt in Frankreich barmherzige Schwestern, die ganz besitzlos nur zu den Armen gehen. Sie bitten um die kleinsten Gaben und danken für eine Nadel, für Kuchen, Eierschalen, Fetzen –

kurz, es ist nichts, das sie nicht mit freundlichem Danke annehmen und für ihre Armen nutzbringend zu machen verstehen. Das Gute, das sie in der Stille tun, ist nicht zu erzählen. Es gibt nichts, das einem frommen Menschen nicht zu Nutz und Dienste werden kann. Wir aber haben unseren Blick dafür nicht geschärft, sondern warten immer auf das Große, auf die große Arbeit, auf die große Hilfe. Vielleicht hätten wir auf das Kleine ein Haus, ein Schicksal wieder aufgebaut. Christus knüpfte seine himmlischen Lehren an alltägliche Zufälligkeiten, die jedermann bekannt waren, die sich vor seinen Augen zutrugen. Noch viel mehr aber verstand er es, das zu benutzen, was ihm in feindlicher Absicht als tödliche Schlinge gestellt wurde. Er siegte beständig, weil er Gott lieb hatte und darum nie verblendet, menschlich klein urteilte, sondern ohne Hader, ohne Furcht, ohne Hass und Ungeduld das Böse zum Guten verkehrte. Sein Leiden und Tod war sein höchster Sieg; denn seine Verfolger gingen zu Grunde; seine Worte aber blieben in Ewigkeit und bauten eine neue Welt, ein neues Zeitalter, ein neues Menschengeschlecht. Der Marterpfahl und die Dornenkrone sind selbst durch ihn veredelt, zu den höchsten Ehrenzeichen verwandelt worden. Was er berührte, erhielt eine Weihe und Heiligung, weil er Gott lieb hatte. Mehr verlangt Gott nicht von uns, als von den kleinen, stillen, grauen Schwestern, die nichts verachten und alles verwenden im Dienste der Armen und Notleidenden.

Ja, wir sollen sogar unsere eignen Fehler und Schwächen nutzbar machen, aus ihnen lernen, aus ihnen emporwachsen, wie die schöne Pflanze aus stark bebautem Erdreich.

Uns tut tiefes Pflügen immer Not, sonst tragen wir weder Blüten noch Früchte. Ja, wohl tut es weh, wenn die Pflugschar uns mitten durch die Brust geht und in den Eingeweiden wühlt, und wir möchten lieber harter Stein sein oder leichter Sand, der auffliegt und sich ebenso leicht wieder bettet, oder Wasser, das sich kräuselt, einige Wellen schlägt und so still wird wie zuvor. Aber diese alle tragen keine Früchte. Was Frucht geben soll, muss zerwühlt werden, muss Frost erleiden und Regengüsse, und je tiefer der Pflug gegangen, je herrlicher keimt die Saat. Der liebe Gott kennt sein Ackerland wohl und weiß, wo er am tiefsten gehen muss, und welche Schollen vom Frost mürbe gemacht werden müssen. Seine Hand liegt oft gar schwer auf der Pflugschar, aber dorthin hat er auch seinen köstlichsten Samen bestimmt, das Edelste, was seine kleine Erde hervorbringen kann. Wir erkennen nur manchmal seine große Absicht nicht und wollen die Hand nicht lieben, unter der wir leiden; ja, die Hand erkennen wir nicht, sondern wollen uns rächen für das erlittene Leid. Die beste Rache hat uns Christus gelehrt: Das Böse in Gutes verwandeln. Man kann dir kein Leid antun, von dem du nicht einen Gewinn fürs ganze Leben ziehen könntest, wenn du nur in jener Stunde Gott vor Augen hast und nicht die Menschen. Du wirst deinen Gegner beschämen und ihn vielleicht sogar umwandeln, so dass er dir einmal zugetan wird. Die kleinen grauen Schwestern danken freundlich für Abfall und Kehricht und machen ihn segenbringend. Wen wird ein so unerwarteter Dank nicht entwaffnen! Ja, könnten wir immer danken für all das Gute, das unsere Feinde uns tun! – Wie sie uns die Augen öffnen, den Weg zeigen, den wir fast verfehlten, einen Fehler rügen, den wir an uns entdeckt und der uns vielleicht unglücklich gemacht hätte, unser Werk ans Licht ziehen, auf das sonst niemand geachtet. Ja, ihre Dienstleistungen sind unzählig, und es ist nur unsere Blindheit, die uns Zorn und Hass eingibt, anstatt freundlicher Dankesworte. Gott lieben lehrt weit schauen, und weit schauen heißt: Das Gute von Ferne erkennen, das sich aus dem Bösen gewinnen lässt. Du stehst voll Ekel, im Herzen krank, vor einem bösartigen Sumpfe. Nimm nur den Spaten zur Hand und lege ihn trocken, und siehe zu, welche üppige Saat dir daraus entgegenkeimen wird. Du lebst unter einem kleinen Häuflein Menschen, unter welchen dir einige nicht lieb oder angenehm sind. Hat Christus sich nur an die Besten gewendet?

Lerne du die Schwierigkeiten behandeln, suche ihre gute Seite hervor, die du in deinem Widerwillen übersehen, und siehe, du wirst vielleicht beschämt sagen müssen: Der hat Eigenschaften, die ich nicht besitze, und ich kann von ihm lernen. Und wenn du weiter nichts lernst als Selbstüberwindung und die Kunst, aus Güte freundlich zu sein, auch ohne Neigung und Herzenszug, so hast du einen reichen Schatz gewonnen fürs ganze Leben.

Was tun wir aber stattdessen? Wenn uns jemand nicht gefällt, so lassen wir es ihn meistens fühlen, obgleich wir hierzu gar kein Recht haben. Christus verhinderte die Steinigung der Ehebrecherin, indem er frug: Wer von euch ist ohne Sünde, der hebe den ersten Stein auf! Wer von uns ist so vollkommen, dass er über die anderen die Achseln zucken darf? Und das geschieht meistens, weil wir von dem anderen, seiner Vergangenheit, seinen Leiden und Sorgen gar nichts wissen. Denn hätten wir eine Ahnung davon, unser Herz hätte sich vielleicht in tiefem Mitleid zu dem Verachteten gekehrt. Christus sah in der Menschen Herzen, als lägen sie offen vor ihm. Versuchen wir, es ihm nachzutun; wir brauchen dazu nur Gott zu lieben und die Menschen, so wie er. Es ist merkwürdig, wie Hass den Blick verdunkelt und Liebe hellsehend macht. Die Liebe braucht nicht zu fragen; sie weiß, weil sie fühlt; ihr dient alles zum Besten, weil sie gut ist. Amen.

***

Wir wollen Dich lieben, Gott, mit heiliger Kraft, mit rechter Herzensfreudigkeit. Wir wollen in Dir wandeln wie in Sonnenstrahlen; wir wollen schweigen, wenn Dein Pflug uns durchwühlt, und Dir die Saat blühend entgegentragen, die Du uns anvertraut. Wir wollen einander aufrichten und tragen. Unsere Fehler mögen uns und den Brüdern zur Erziehung dienen, unsere Eigenschaften ihnen zur Wohltat werden. Alles für alle! Denn nichts gabst Du einem für ihn allein. Was Du einem gabst, ist für alle, zu ihrem Dienste, zu ihrem Frommen. Wir wollen keinen Feind kennen, da uns der Feind mehr Gutes getan, als wir es einsehen können, da er uns nicht erreichen ließ, was wir wünschten, nach Deinem Willen. Wir wollen nur, was Du willst, Vater, wir wollen das Kleinste nutzbringend machen, zu Deiner Ehre. Fülle uns nur mit Deiner Liebe und Deiner Himmelsgüte, dass unsere Tränen Tau werden, unsere Seufzer Lieder, unsere Worte Kraft, dass alle Dinge, sei es Gutes oder Böses, uns zum Besten dienen. Amen.

15. Andacht: Der Baum des Lebens

Die Worte, die unserer heutigen Erbauung zu Grunde gelegt sind, finden sich im Evangelium Lucä, im 13. Kapitel, im 8. und 9. Verse:

„Herr, lass ihn noch dies Jahr, dass ich um ihn grabe und bedünge ihn, ob er wollte Frucht bringen, wo nicht, so haue ihn darnach ab."

Es ist der Gärtner, der den Herrn um des Baumes Leben bittet, der so viele Jahre fruchtlos steht und deshalb abgehauen werden soll. Er will noch einmal alle Kraft und allen Fleiß daransetzen, um den schönen jungen Baum zu retten, von dem man sich so viel versprochen, und der nun abgehauen werden soll und verbrannt, weil er nutzlos des Bodens Kraft aussaugt, nutzlos von Gottes Sonne und Regen erwärmt und betaut wird und aller treuen Pflege Trotz bietet. Er meint, vielleicht habe er doch noch etwas versehen, und es sei seine Schuld, wenn der arme Baum verurteilt würde.

Wie mancher junge Baum steht in frischer Pracht, und niemand weiß, warum er keine Früchte trägt. Er war gehütet und gepflegt unter allen, er war an schützender Stelle erzogen, zum Geradewachsen an einen guten, starken Pfahl gebunden, begossen und bedüngt, nach bestem Wissen und Einsehen für ein schönes, blühendes Frühjahr und einen früchtereichen Hochsommer ausgestattet – aber siehe: Der Frühling bringt keine Blüte, der Herbst hat nichts gezeitigt.

Bitter, bitter ist das Leid, vielleicht eines der schmerzlichsten Leiden ist lange, nutzlose Mühe, Mühe um geliebte Menschen, Mühe um eine gute Sache, die noch nicht gelungen. Wie lange will man sich das Misslingen nicht eingestehen, wie lange zögert man, bis man den Menschen, die Sache aufgibt, und im Herzensgrunde gibt man beide niemals ganz auf, bis in das Alter, wo der eine Gedanke mit uns erst einschlummert: Und du hast dennoch in deiner Blindheit das Wichtigste versäumt; dein ist die Schuld, dass nichts gezeitigt wurde! Und dann erwacht, immer dann und wann noch einmal die Hoffnung, schwächer, immer schwächer, aber das Todesurteil willst du nicht sprechen. Du willst nicht das Wort sagen: Missraten oder Misslungen. Es ist der erste Axthieb, und vielleicht trifft dieser Hieb dich selber viel tödlicher als deinen Baum.

Ach! Es kann ja dennoch anders kommen: Man verpflanzt den Menschen. In neuer Umgebung wird er vielleicht überraschend tüchtig, wenn er allein steht, dort, wo seine Vergangenheit nicht wider ihn zeugen kann und ihm alle Türen und Herzen verschließt. Und deine Sache wird von einem anderen aufgefasst und glänzend zu Ende geführt.

Das geht den meisten Bahnbrechern und Pfadfindern so. Sie müssen traurig sehen, dass ihre Einsicht so groß war wie der Himmel, weltbewegend, aber zum richtigen Spatenstich fehlte der Hand die rechte Kraft. Der den Gedanken nicht geboren hat, ist geschickter, ihn auszuführen; und der Sohn, den du aufgegeben, ist in einer anderen Welt ein angesehener Mann. Demütigungen werden uns nicht erspart, auch dem treusten Haushalter und bravsten Gärtner nicht, auch dem größten Genius nicht, der stets wieder an seine schwache Menschlichkeit erinnert wird, wenn seine Gedanken ihn der Göttlichkeit nahe gebracht.

Aber eben dann heißt es: Nicht verzagen, nicht hoffnungslos werden! Nicht nachlassen! Du hast bloß deine Fehler noch nicht entdeckt, du hast noch nicht gefunden, woran dein Misslingen liegt. Dein Knabe war gut beanlagt. Du aber hast seine Natur nicht verstanden, hast ihn an einen falschen Ort gestellt und in eine falsche Richtung sein Wachstum zwingen wollen. Noch ist es nicht zu spät, ihn zu verpflanzen, ihm andere Nahrung und anderes Licht zu geben.

Du aber in deiner Bitternis über dich selbst und über ihn schlägst immer verkehrtere Wege ein, um ihm wieder zurechtzuhelfen. Und da steht ihr beide trostlos vor dem unverstandenen Leben und verwirrt den Strang immer mehr mit eurem unverständigen Zerren. Und in der Sache, für die du umsonst gelebt zu haben wähnst, brauchst du nur deinen Standpunkt zu verändern, selbst sie von neuem zu beleuchten, und siehe, sie erblüht neu aus dem Schutt, in dem du sie für immer vergraben wähntest.

Was lebensfähig ist, kann nicht für immer vergraben sein. Es arbeitet sich durch Steine und Sand und alles Ungemach zur Sonne empor,

vielleicht wenn deine Augen abgewandt oder geschlossen sind.
Christus hat keine Früchte gesehen von seiner weltbewegenden Tat. Und dennoch ging er in den Tod für dieselbe, weil er wusste, dass sie dann erst zum Leben erblühen würde. Und in der ersten Zeit schien auch sein Tod umsonst; denn die Jünger zauderten und zagten, bis die Saat lange genug in der Erde gelegen, und mit einem Male schoss sie empor und bildete hunderte von Zweigen, die die Erde beschatteten. Mit seinem Herzensblut hat er den Baum seines Glaubens begossen und in starker Zuversicht die Augen geschlossen.
Wenn wir unser Herzblut nicht hergeben wollen, dann können wir nichts Großes erreichen. Nur die völlige Missachtung und Hintansetzung der eigenen Person bringt deine Sache zur Blüte. Und die meisten von uns sind berufen, den

Baum zu pflanzen, ohne je seine Früchte zu sehen, die für andere bestimmt sind.
Darum, wenn du ein Pflanzer und Sämann bist, so folge deinem Berufe, geh von Feld zu Feld, streue deinen Samen aus und harre nicht auf das Aufblühen. Dein Leben ist kurz, und du darfst es nicht mit Harren vergeuden. Rastlos pflanzen, es wird schon stille keimen. Nicht gleich abhauen, was dir kümmerlich scheint, in deiner Ungeduld. Vielleicht wird ein besserer Gärtner als du das Schöne erziehen, das dir verschlossen blieb. Höre auf des großen Gärtners Stimme in deiner Brust, der ruhig spricht: Überlass mir deinen Baum, ich selbst will ihn warten und pflegen; in meiner Hand soll er dennoch Frucht bringen! Und dann geh still deiner Wege und harre auf ihn, dem kein Ding unmöglich. Amen.

***

Herr! Wolle gnädig meinen Baum noch stehen lassen und nicht Deine Hand an ihn legen, ihn abzuhauen! Ich habe noch nicht genug getan zu seiner Kraft und Schöne! Meine Einsicht ist klein, mein Blick kurzsichtig, meine Hand schwach. Aber mit Deiner Hilfe, Vater des Lebens, sollen alle die Jahre nicht vergebens gewesen sein. Ich will ringen bis zum letzten Atemzuge. Mit Deiner Hilfe will ich noch einmal von neuem beginnen, auf dass mir gelinge, was Du mir anvertraut. O, wolle noch eine kleine Weile harren, bis Dein Knecht Besseres versucht, Besseres getan hat. Ich will nicht verzagen, stehst Du mir bei! Deine Langmut ist ja nicht Menschenlangmut. Du wollest nicht verdammen. Und wenn meine Hand zu schwach ist, so gib mein Werk in andere Hände, bevor Du es vernichtest! Ich will ja nichts für mich, sondern dass lebe, was Du mir anvertraut! O Herr! Lege die Axt aus der Hand und gedulde noch eine kleine Weile! Wir bitten Dich von ganzer, banger, hoffender Seele! Amen.

16. Andacht: Über Sanftmut und Geduld

Die Textesworte, durch welche wir uns erbauen wollen, finden wir im Evangelium Matthäi, im 5. Kapitel, im 5. Verse:

„Selig sind die Sanftmütigen; denn sie werden das Erdreich besitzen."

Welch' wunderbare Verheißung: das Erdreich besitzen! Sollte eine solche Gewalt in der Sanftmut liegen, eine solche Macht in der Güte, eine solche Herrschaft in der Geduld?
Und die meisten Menschen halten Sanftmut für Einfalt, Güte für Schwäche, Geduld für Furchtsamkeit. Christus aber nicht also. Er weiß, wohin sie reichen, er weiß, was sie beherrschen, und

gibt den Sanftmütigen die weiteste Machtausdehnung. Und in der Tat: Sanftmut hat etwas so Übermenschliches, dass sich unwillkürlich alle vor ihr beugen. Zornesausbrüche erschrecken für den Augenblick, haben aber keine Gewalt, die sich weiter hinausdehnt, sie verrauschen wie Sturmflut und sind vorüber, während die stille, ewig gleiche Welle, sich leise, unmerklich über Felder und Wiesen breitet und den Felsen höhlt mit ihrem leisen Spülen. Sanftmut ist nicht Schwäche; denn es gehört ein Wille von Eisen und eine unerschütterliche Selbstbeherrschung dazu, um sanft und geduldig zu sein. Eine schwache Hand wird stets hastig in ihren Bewegungen sein, während die starke den schwersten Gegenstand langsam und ruhig aufhebt und niedersenkt. So ist es mit der Geduld. Der Starke wird ruhig zuwarten; denn er weiß, er kann jeden Augenblick eingreifen und alles in Gang bringen. Der Starke verzeiht, da ihm die Schwachen doch nichts anhaben können. Der Starke ist gütig, auf dass man vor ihm nicht Furcht habe. Die großen Tyrannen sprachen nicht viel; denn ein Wink ihrer Augen kostete das Leben. Ein Mensch, der keine Macht hat, muss viel reden, schreien und laufen, um Gehör zu finden. Ebenso ist es mit der geistigen Macht. Wer geistig stark ist, kann mit einem Wort eine Situation beherrschen, und alle werden sich beugen vor der überzeugenden Gewalt seines Gedankens und seiner Erfahrung. Der wird sich aber hüten, das entscheidende Wort zur Unzeit zu sprechen. Geduld ist auch die Kraft, den Moment zu erkennen, wenn er gut ist, und die Leute zu durchschauen, ob sie reif sind. Geduld ist nicht ein Zustand, sie ist eine Tat. Sie ist eine große, andauernde Tat, bei der man nie ermüden darf. Denn ein Augenblick der Müdigkeit zerstört oft, was jahrelange Sanftmut gebaut, und lässt sich in seiner Wirkung nie mehr ganz verwischen und auslöschen. Geduld ist wie das Meer. Sie trägt die größten Lasten und hält alle Länder in ihren Armen umfasst. Geduld ist wie die Erde, die unerschöpflich gibt und gibt, Nahrung ihren Kindern. Geduld ist wie der Himmel, der Welten umspannt, der Raum hat für alle und Äther für alle, wie verschieden geartet sie auch sein mögen und wie ungleich ihre Bahn. Geduld bahnt Wege durch Eisberge und Wüstensand.

Geduld blickt heiter, wenn alles wankt. Geduld geht durch ein Nadelöhr und schreitet wie eine Königin. In dem unbegrenzten Vertrauen, das der Sanftmütige einflößt, liegt seine große Macht. Ohne sich dessen Rechenschaft zu geben, fühlen sich alle zu ihm hingezogen, der sich so völlig beherrscht, von dem alle deshalb den klarsten Blick und das sicherste Urteil erwarten. Und sie tun wohl daran. Dem Sanftmütigen verdunkeln keine Blutwallungen den Blick. Ihn regt der Wunsch, sich geltend zu machen, nicht auf.

Er kennt keine Furcht. Denn seiner Besonnenheit weicht die Gefahr. Des Sanftmütigen Wunsch wird mit Freuden erfüllt, weil er zu bitten versteht, als gewährte er eine Freundlichkeit. Weiß er doch, dass er der Menschen beste, edelste Seite anruft; denn wer gibt nicht gern, wenn er geben kann! Die bereitete Freude macht dem Geber zehnfache Freude!

Der Sanftmütige wird auch nicht klagen; denn er weiß, die böse Stunde rauscht vorüber, und der Himmel ist immer blau über dem Nebel, und die Sonne ist noch nicht vom Firmament herabgefallen, wenn es auch eben Nacht ist. Und das Klaglose hat stets eine imponierende Gewalt. Ein Mensch, der in Schmerzensqualen stumm bleibt, ein Mensch, der mit gebrochenem Herzen lächelt, ein Mensch, der in seiner Sterbestunde nur an die anderen denkt, der ist ein Held, und wer ihm naht, wird Achtung und sogar Verehrung für ihn haben.

Freilich, wer auf äußerlichen Besitz bedacht ist, der hat an Christi Worten keinen Teil. Christus sprach nie von äußerem Besitz, außer als von einer großen Gefahr. Er meint hier wie überall den Besitz der Seelen, aller Seelen, für die der Sanftmütige Licht, Sonne und Wärme ist. Er meint den Besitz der Kräfte, die schaffen und gestalten. Er meint den Besitz des Vertrauens aller Kreatur. Denn Mensch und Tier sind dem Sanftmütigen zugetan. Je mehr die Sanftmut eine Errungenschaft ernsten Willens und strenger Selbstmeißelung ist, umso größer ist ihre Kraft. Des Lasttiers Geduld ist höchstens rührend, oft bedauernswert, reizt aber weder zur Bewunderung noch zur Anbetung. Wenn aber ein edles, feuriges Pferd oder ein Löwe Sanftmut zeigt, so erzählen es sich Kinder und Kindeskinder, und das Tier scheint Willen, Charakter und Denkvermögen zu besitzen.

Also selbst ein unbändiges Tier wird durch Sanftmut geadelt, wie viel mehr der Mensch, den das Gehorchen seiner Leidenschaft zum Tier erniedrigt, das Beherrschen derselben der Gottheit nahe bringt.

So viele glauben, ein starker Wille bestehe darin, alle zu beugen und zu zwingen, und wissen nicht, dass der stärkste Wille sich selber beugt, sich selber zwingt, und dass man dem ohne Widerrede gehorcht, der freundlich begehrt, während man stets dem Herrischen trotzen wird.

Geduld ist unser schönstes Erbteil der Gotteskindschaft; denn gibt es größere Geduld als die unseres himmlischen Vaters? Er zerschmettert nicht die Gottlosen, er vernichtet nicht die Sünder, er zerbricht nicht die Schwankenden, er lässt die Irrenden nicht verderben. Er sendet Regen und Sonnenschein über Gerechte und Ungerechte und lässt jedem die Pforte offen, zur Umkehr ins Vaterhaus. Und wir wollen verdammen! Wir wollen richten! In dieser bunten Welt ist ja Raum für jeden und für alles, und nichts ist unmöglich. Du aber wirst vor Erstaunen wild und vergissest, dass man auch über dich sich wundert und dein Gebaren nicht versteht. Das sicherste Mittel aber, Sanftmut und Geduld zu bewahren, ist, soweit dies möglich, sich immer an des anderen Stelle zu setzen und erst dann ihn zu beurteilen, wenn man gelernt hat, so zu sehen und zu fühlen wie er. Dafür müsste man freilich auch seine ganze Vergangenheit, Geburt, Erziehung, Leiden und Freuden ihm nachfühlen können, und solange man dies nicht kann, hat man nicht das Recht, ihn zu beurteilen, und selten die Kraft, ihm einen brauchbaren Rat zu geben.

Wenn du recht auf dich achtest, wirst du immer finden, dass du in den Dingen am heftigsten wirst, die du am wenigsten kennst und verstehst, weil dein Gesichtspunkt ganz einseitig ist, während du die größte Geduld hast, da, wo du viel sicherer und besser weißt als die anderen. Heftig werden ist stets eine Erniedrigung und Demütigung für den, der es wird; denn es zeigt Schwäche, sei es in der Gesundheit oder in der Stellung oder im Verstande oder im Charakter. Geduldig sein ist immer eine Macht und ein Besitztum, und wäre es auch nur der sichere Besitz seiner eignen Verstandeskräfte. Zu dieser Kraft und zu diesem großen Reiche helfe uns Gott. Amen.

***

Vater! Gib uns die Sanftmütigen, die wir immer entbehren und doch so sehr bedürfen! Gib uns Geduld und Einsicht, dass wir in Wahrheit Dir gleich, Deine Kinder, Deines Geistes Geschöpfe seien. Lehre uns, unsere Zunge hüten, unsere Lippen zügeln, unsere Herzen bemeistern, auf dass wir das Höchste erreichen, was man auf Erden erreichen kann: Güte! Lehre uns gut sein! Wir wollen so gerne und können noch immer nicht! Lass uns nicht aus Deiner Hand, bis wir so werden, wie Du es gewollt! Amen.

17. Andacht: Über die Gegenwart Gottes

Die Worte der heiligen Schrift, die unserer Betrachtung zu Grunde gelegt sind, finden wir im 82. Psalm, im 1. Verse:

„Gott stehet in der Gemeinde Gottes.“

„Wo zwei oder drei in meinem Namen versammelt sein werden, da will ich mitten unter ihnen sein.“ Diese Verheißung des neuen Bundes wiederholt die Gewissheit des alten: Gott ist gegenwärtig! Gott steht unter uns, die wir zu stiller Andacht uns versammelt haben und beten. Darum lasset uns den Altar unserer Herzen rein waschen und fein schmücken, mit Gedanken, die würdig sind, den Herrn, unsern Gott, zu empfangen. Lasset uns unser Herz fröhlich machen, wie die Natur fröhlich wird beim ersten Sonnenstrahl, so fröhlich, dass selbst die tauigen Tränen der Nacht freudig erzittern und glitzern. Gott ist gegenwärtig! Fürchtet euch nicht ob seiner heiligen Nähe, sondern legt euch an sein Herz, zu seinen Füßen nieder, wie die Kinder, die verirrt gewesen und deren langes Suchen nun ein Ende hat. Sie sind daheim beim Vater! Hier gibt es kein Bangen; denn er schaut euch Mut ins Herz und spricht: Kindlein, wie seid ihr so verzagt! Auf! Seid Helden! Seid von meinem Geschlecht und von meiner Art, von meinem Geist ein kleiner Hauch!

Beim Beginn einer Schlacht zitterte ein junger Fähnrich. Da kam der Feldherr an ihm vorüber und sah ihn an. Und der eine gewaltige Feuerblick sank dem Knaben ins Herz. Er zitterte nicht mehr und ward an dem Tage als ein junger Löwe gepriesen, der Unerschrockenste unter allen.

Und das war doch nur eines Menschen Blick, der einen bebenden Jüngling zum Helden machte. Wie sollte ein Blick unseres himmlischen Vaters uns nicht zu ungekannter Kampfesfreudigkeit stählen? Die Schlacht ist nicht heißer als so viele, aus denen wir lebend hervorgegangen, in denen Gott uns nicht hat verderben lassen. Lasset uns das Siegen gewohnt werden! Kein Straucheln, kein Schwanken komme in unsere Reihen. Der große Feldherr hat uns angeblickt, und ein heiliges Feuer strömt durch unsere Glieder. Der, der Gefahr aus dem Wege geht und sich hinter Schanzen und Gräbern birgt, der wird auch den Feldherrn nicht sehen und wird nicht begreifen, wozu die Schlacht, wozu das Ringen, wozu Tod und Schmerz und Jammer um ihn her. Der aber den Feldherrn gesehen, der weiß, dass er die Seinen zum Siege führt, der vertraut ihm, wenn er auch stürmen soll, was uneinnehmbar erscheint, der steht, wenn auch der Anprall lawinenartig auf ihn niedertost. Einen Blick ins zaghafte Herz, und siehe, es zittert nicht mehr! Nur wer sich aus dem Kampfe fortschleichen will, der muss vor diesem Blicke zittern; denn der sagt: Was du fliehst, das ereilt dich doch; dem du ausweichst, das ist dir auf den Fersen; dem du den Rücken kehrst, das wird dich im Rücken wehrlos fassen, wie einen Feigling.

Gott stehet in der Gemeinde Gottes! Wie sollte ein anderer darinnen stehen? Wo er steht, da weichet das Niedere und Schlechte, das keinen Teil an ihm hat, da stirbt, was in solch reiner Luft nicht atmen kann, da erblüht, was vorher welkte, da richtet sich auf, was vorher krankte, da singt, was vorher geschluchzt.

Fürchte nicht, er werde dich von sich stoßen, weil deine Füße staubig und wund, die Last auf deinen Schultern dir die Kleider zerriss, weil der Schweiß von deiner Stirne perlt. Komm nur nahe herbei, er will dich erquicken. Er gewährt dir die

Rast einer Stunde in seiner Nähe, bevor du die Last wieder weiter trägst, die du eben zu seinen Füßen niedergelegt. Schlumm're, müdes Herz, Gott ist gegenwärtig. Er wacht über dir, er lässt dich nicht verderben. Er wird nicht den bösen Feind dich überfallen lassen, während du im Schatten seiner Brauen ruhst. Er gab dir diese heilige Stunde, auf dass du einen Augenblick Rast fändest auf deinem schweren Gang und dich erquicken könntest in seiner Nähe wie an Quellenmurmeln unter rauschenden Wipfeln. Er nimmt dich bei der Hand und führt dich auf die frische Aue und sagt: Siehe, solches ist deine Bestimmung! Dein Leiden wird ein Ende haben, deine Sorgen werde ich von dir nehmen, deine Tränen will ich trocknen, wenn es an der Zeit ist. Gott ist gegenwärtig! Was denkst du an Einbuße und Gewinn, an Interessen und Bestrebungen? Heiß schweigen die Welt und ihr Getriebe. Sie ist zu erbärmlich klein für Gottes heilige Nähe!

Vergiss für eine Stunde, dass du den Bruder übervorteilen wolltest, oder dass er dich betrog, dass du deine Habe verwehren möchtest, so gerne verwehren möchtest, dass du fast einen unredlichen Gedanken gehabt und ganz gewiss mit Neid auf den geblickt, dem es leichter gelungen, weil er geschickter war als du oder gewissenloser. Vor Gott gilt Besitz, Gewinn, Geschicklichkeit merkwürdig wenig; ja selbst das Gelingen gilt bei ihm nicht. Ihm erscheinest du ohne Gewänder, ohne Putz und Schöne, ohne Besitztum und Stellung. Du stehst vor ihm immer, wie bei deiner Geburt und in deiner Sterbestunde, hilflos, nackend, besitzlos. Nur dein inwendiger Mensch erscheint vor ihm, und was du aus dem gemacht, das ist ihm offenbar. Die Schöne deiner Seele, die niemand ahnt, die prangt vor Gott, wie eine Braut; der Gewinn an Güte und Opferfreudigkeit, der macht dich vor ihm zum Helden. Die Wunde in deiner Brust, die vor allen Augen verborgen, die hat er längst gesehen, und halte nur still, er legt den Balsam seines Trostes darauf, er nimmt dich in seine Arme und bettet dich, wie keine irdische Liebe dich betten kann.

Gott ist gegenwärtig! Fühle nur, wie sein Hauch dich umschwebt und tu ab von dir, was seiner Nähe nicht wert ist. Der höchste und liebste Gast kehrt bei euch ein, und ihr wolltet nicht mit hellem Antlitz, in Festesstimmung ihn begrüßen? Was ihr für Menschen tut, das wollet ihr für Gott nicht tun? O! Ihr habt noch ein helles Lächeln in euren Herzen! Es ist nicht gestorben und erloschen! Ihr seid der Freude fähig; ihr hattet es nur vergessen!

Für die Menschen zieht ihr Trauerkleider an, auf dass sie an euer Leid erinnert werden und euch schonend behandeln. Gott weiß, wann ihr der Schonung bedürfet; er braucht nicht trostlose Mienen, um den Zustand des Herzens zu erforschen, um zu wissen, ob es noch mehr des Sturms bedarf oder eines Sonnenblickes, eines erquickenden Regens, oder ob eine sanfte Schneedecke es in Schlaf versenken soll.

Gott ist gegenwärtig! Atmet leise und ahnet seine Nähe, seine heiligende, tröstende, ermahnende, strafende, begeisternde Nähe! Wie die Schafe um den Hirten, also sammelt euch um ihn! Er wacht. Wie die Kämpfer in der Schlacht stürmt ihm voran: Er zeigt den Weg. Wie die Feiernden schmückt eure Herzen: Er ist euer Gast. Wie die Kinder schmiegt euch an ihn: Er ist euer Vater! Amen.

***

Hier sind wir, Deine Gemeinde, Gott! Sei unter uns willkommen, wir wollen Dich mit Singen und Hosianna empfangen. Wir wollen Dich umringen, als flögen wir, als wären wir schon jetzt rein und frei, gut und sündlos, stark und furchtlos, wie Dein eingeborener Sohn, der immer in Deiner Nähe, vor Deinem Angesichte gewandelt. Schau uns an, Vater, auf dass ein einziger Blick von Dir uns zu unerhörtem Mute stähle. Siehe, wir wollen alle irdische Lust und Qual von uns entfernen in dieser Stunde, auf dass wir Kinder seien vor Dir. Wir bringen alle unsere Herzensmüdigkeit zu Deinen Füßen. Du wolltest segnend die Hand auf uns legen und schauen, ob der Weg zu steil, ob der Sturm zu rau, und uns ein wenig ruhen lassen in Deinem Schutz! Siehe! Wir wollen nicht weinen, nicht klagen, nicht trauern. Wir wollen lächeln vor

Dir, der Du uns nicht über unser Vermögen prüfest! Wir wollen Dir ein Loblied singen, dann, wenn Du weich in ewigen Schlaf uns einhüllst. Amen.

18. Andacht: Über die Reue

Den Text zu unserer Andacht finden wir im Evangelium Matthäi, im 26. Kapitel, im 75. Verse:

„Und Petrus ging hinaus und weinte bitterlich."

Es kann schwerlich ein furchtbareres Leid geben als die Reue, die uns mit eiserner Hand ins Herz greift, es zerdrückt, ohne zu töten, es ängstet, ohne zu trösten, es anblickt, ohne zu weichen. Kann es eine größere Qual geben, als die Stimme, die Tag und Nacht fragt: Was hast du getan? Jeder andere Schmerz bringt seine Weichheit, bringt Stunden, in denen die Seele einschläft und, wie betäubt, nicht mehr leidet. Nicht also die Reue: Sie peinigt Tag und Nacht, sie scheucht den Schlaf vom müden Herzen, sie erlaubt kein Zerstreuen und kein Vergessen. Bei jedem freundlichen Wort der Nebenmenschen muss der Unglückliche denken: „Wenn ihr wüsstet, was ich getan habe!“, bei jedem Sonnenstrahl: „Ich bin nicht wert, dass er mich bescheint!“, bei jedem Ungemach: „Auch dies ist meine Schuld!“

O bitter, bitter ist es, wenn man sich vor der Luft verbergen, vor sich selber fliehen möchte, und ewig sehen die furchtbaren, fragenden Augen uns an, deren Blick wir nicht ertragen können. Zerstört ist all unser hohes, freudiges Streben, vernichtet Stolz und Zuversicht für immer, erloschen der Stern, der uns geleuchtet. Dunkel und lang ist die Nacht und tief der Abgrund, in dem wir umhertasten und aus dem wir kein Entkommen sehen.

Wie mancher möchte wohl Hand an sich legen und der Qual ein Ende machen, wenn er nicht fühlte, dass er auf die Ruhe des Todes selbst kein Anrecht hat. Das ist Verzweiflung, wenn man an sich selbst verzweifelt; das ist ein Martyrium, wenn die eigenen Gedanken foltern, das ist die Hölle auf Erden, wenn man sich selbst den Himmel verschlossen.

Was muss Petrus gefühlt haben, als er des Herrn Augen auf sich gerichtet sah, er, der sein Leben für ihn hatte lassen wollen und der ihn in der Stunde der Gefahr verleugnete? Nun hätte er zehnfachen Tod erleiden wollen - zu spät! Er hatte sich von ihm losgesagt, gerade da er ihn hätte bekennen sollen. Nun war er es nicht mehr wert, mit ihm und für ihn zu leiden. Es gehörte ein langes, schweres, opfervolles Leben dazu, bis er gereinigt und befreit den Märtyrertod erleiden durfte, der ihn mit dem Heißgeliebten vereinigte. Er konnte nicht mehr mit dem Meister

sprechen, kein Wort der Verzeihung von ihm vernehmen, denn die Scheidestunde war da.
Das ist das Furchtbare von unseren Taten und ihrer Sühne, dass wir fast nie mehr gut machen können, was wir gesündigt, dass wir unaufhaltsam die Folgen hereinbrechen sehen und machtlos stehen, nachdem wir eine Lawine in Bewegung gebracht, die wachsend und zertrümmernd sich fortwälzt, Unglück auf Unglück häufend, ohne Erbarmen, wie eine Naturgewalt.
Nie hätten wir geglaubt, dass wir mit einem Worte so viel Übles hätten anrichten können und uns selbst, vor unseren eigenen Augen, zu Verbrechern machen. Nie hätten wir gedacht, dass unser frohes, reines Herz schuldbeladen und traurig sein müsste. Ach, bitter ist es, einen Weg gegangen zu sein, den man nie wieder zurückgehen kann, eine Linie überschritten zu haben, die uns für ewig vom Paradiese scheidet, etwas getan zu haben, das zu verzeihen in keines Men-

schen Macht liegt. Wir haben uns selbst die Sträflingskette an den Fuß geschmiedet und müssen sie nachziehen unser Leben lang.
Hütet Herz und Zunge, Gedanken und Willen und bittet Gott inbrünstig, uns nicht in Versuchung zu führen. Denn wir wissen nicht, ob die Versuchung nicht stärker sein wird als unser Wille, da doch Petrus, der gute, feurige, von Liebe überströmende Petrus, in einer bangen Stunde unwiderruflich schwach war. Bitter ist es, über einen Punkt in unserem Leben schweigen zu müssen und nicht mehr offen sein zu dürfen, wie ein Gebetbuch, in das alle Augen blicken können.
Wenn wir schon so manches Mal etwas tun, das wir uns nicht verzeihen können, wie viel öfter unterlassen wir, was wir hätten tun sollen. Fast kein Tag vergeht, an welchem wir uns nicht einer Unterlassungssünde schuldig machten. Wie oft müssen wir die Folgen unserer Nachlässig-

keit mit ansehen, bei denen vielleicht keiner uns einen Vorwurf macht, wir selber aber sehr wohl wissen, was wir hätten verhindern können, wenn es nicht zu spät wäre.

Das Wort „zu spät" ist vielleicht eines der schmerzlichsten, das in unser Leben hineintönen kann. Es schließt so viel Unglück und Herzeleid in sich, wie kaum ein anderes; es ist der versiegte Quell des Lebens, es ist das verschüttete Saatfeld, die verbrauchte Habe. Hinter dem „zu spät" ist das Nichts, die Leere. Unser ganzes Leben jagen wir einem Augenblick umsonst nach und können ihn nie mehr erfassen. Dafür müssen wir die unsägliche Angst ertragen, die uns das Herz abdrückt, und die uns unversehens immer erfasst, wenn wir sie zu vergessen glaubten.

Aber auch ein unsäglicher Trost liegt in den wenigen Worten unseres Textes: Petrus ging hinaus und weinte bitterlich. Wohl konnte er das Verlorene nicht wiederbringen, wohl brannte ihm der Blick des Meisters für sein ganzes Leben in der Seele - aber er verzweifelte nicht. Er ward ein neuer, gewaltiger, frommer Mensch; im Gefühl seiner Schwäche leistete er mehr als die Starken, im Gefühl seiner Unwürdigkeit ward er ein Grundpfeiler der neuen Religion. Die Reue führte ihn nicht in den Tod, sondern ins Leben hinaus, in Kampf und Trübsal, in Entbehren und Bekennen, in Heldentum und Martyrium. Der kleinliche Mensch war in diesem verzehrenden Feuer verbrannt, und nur das Beste, das Edelste blieb zurück. Kein Verdammen hatte aus Christi Augen geblitzt, sondern unendliches Mitleid mit seiner Schwäche. Wusste er doch, welch herrlicher Kern vom Sturm gezeitigt werden würde, und welche Früchte aus diesem Leben kommen müssten. Kein Leben ist so verloren, dass es sich nicht zu gutem Ende führen ließe. Man muss sich nur die Kraft erflehen, auch die Stunde der

Verzweiflung zu überstehen, und sich selbst geloben, nie wieder zu wanken. Dann kann es endlich doch eine Ruhe geben, noch bevor wir von den Erdenqualen erlöst sind. Amen.

***

O Vater! Vergib, was wir an Dir gesündigt und was wir Übles vor Dir getan! Sieh unseren Jammer und fluche nicht Deinen Kindern! Sieh unsere Reue und gewähre uns einen Blick voll milden Erbarmens! Wir wollen ja die Strafe hinnehmen, mit der wir unsere Taten und Unterlassungen büßen müssen, nur lass uns nicht versinken in verzweifelnder Reue, sondern mach unsere Reue zum Glühofen, aus dem wir gereinigt und gestärkt hervorgehen, zu Deiner Ehre. Amen.

19. Andacht: Über Gottes Hilfe

Die Worte, die unserer Andacht zu Grunde gelegt sind, finden wir im Propheten Nehemia, im 2. Kapitel, im 20. Verse:

„Der Gott vom Himmel wird es uns gelingen lassen."

So sonderbarlich sind wir gemacht und so unbegreiflich ist unsere Natur, dass wir selber niemals wissen, was wir von uns halten sollen. So schwanken wir zwischen übergroßem Selbstvertrauen und unbegrenzter Zaghaftigkeit und sind zu dem einen so wenig berechtigt wie zu dem anderen. Doch wohnen in uns die beiden Gefühle so dicht nebeneinander, dass sie uns hin- und herreißen und so schnell auf uns einwirken, wie ein Gedanke dem anderen folgt. Wir beginnen eine Arbeit, froher Zuversicht voll, des Erfolges gewiss, schreiten auch eine Zeit lang freudig voran, bis ein Blick auf den Nächsten, der dasselbe viel leichter und besser macht, uns vollständig entmutigt, oder bis die Schwierigkeiten sich türmen, denen wir uns nicht gewachsen glauben. Tief beschämt ziehen wir die Hand zurück, nachdem wir uns vielleicht des sichern Gelingens gerühmt. Oder wir sehen deutlich, was wir tun sollen, wagen aber den Sprung in die Tiefe nicht, ohne welchen wir kein rechter Schwimmer sein können. O, wie müssen wir beständig vor unseren eigenen Augen so klein dastehen, so kraftlos, so erbärmlich! Und waren doch mit vollen, weißen Segeln aus dem Hafen gefahren, mit glänzendem Kiel und wehenden Wimpeln, und wohl uns, wenn unser Schiff nicht mit dem Kiel nach oben dem Ufer zutreibt, wenn nur der Mast gebrochen, der Anker gerissen, das Steuer verletzt ist, aber das Leben noch da ist und die

Kraft, mit der wir eine neue Ausfahrt wagen können.

Und warum dies Misslingen? Warum dies Verzagen? Warum dies steuerlose Umhertreiben auf des Lebens ungleicher Flut? Weil wir auf die eigene Kraft gebaut, weil wir gemeint, so weise, so bedächtig, so willensstark zu sein, dass nichts uns stürzen könne, weil wir an uns selbst gedacht, für uns allein gehandelt, mit Egoismus und Rücksichtslosigkeit, weil wir im Anfang nicht sagten: Ich will versuchen, hilf du mir, Gott!

Es gab einen ausgezeichneten französischen Arzt in alter Zeit. Wenn man dessen Kunst rühmte, so sagte er: „Ich verband, Gott heilte." Wie wenig Menschen behalten solche Demut bis an ihr Ende! Beim ersten Gelingen vergessen sie Gott so ganz und gar, dass sie beim ersten Misslingen ihn nicht mehr finden können.

Die Zaghaften beneiden die andern, die viel Selbstvertrauen besitzen, und merken gar nicht, wie über alles Bitten hinaus ihnen selbst geholfen wird, wie über ihre Einsicht hinaus ihr Werk gelingt. Und die so sicher begannen, sind ganz erstaunt, ihre Sache scheitern, versanden, versumpfen zu sehen, bloß, weil sie nicht in Demut geharrt, ob ihrem Beginnen auch der Segen zuteilwurde, ob ihre Einsicht nicht Einfalt war, ihre Klugheit nicht Torheit. O, wohl ist es hart, das misslingen zu sehen, woran man seine ganze Kraft und seinen ernstesten Willen gesetzt, und wiederum haben wir dann nicht die Demut zu sagen: Gottes Zeit ist die gute Zeit, und wir waren nicht die Werkzeuge, die er brauchen konnte. Schwer ist es, einen anderen vollbringen zu sehen, was wir so mühevoll versucht, und es gehört auch hier die tiefste Demut dazu, um zu sagen: Wenn das Gute nur geschieht, gleichviel durch wen, so bin ich froh und zufrieden!

Wir wollen uns nicht daran genügen lassen, die Bahn gebrochen zu haben. Wir möchten sieghaft bis zum Ende vordringen, statt denjenigen mit hellem Zuruf zu stärken, der dazu bestimmt ist, uns die Arbeit aus der Hand zu nehmen.

Wir sollen die Welt lieb haben, weil sie Gottes Welt ist, und weil wir dankbar sind, einen Stein an die rechte Stelle gelegt zu haben. Nicht jeder kann Baumeister sein, und der es ist, bedarf vieler Handlanger; denn ohne Handlanger, wo bliebe der Bau?

Der Gott vom Himmel wird uns gelingen lassen, wozu er uns berufen hat, und wir müssen nur versuchen, seinen Ruf recht zu verstehen und recht zu deuten. Wenn wir uns abgewöhnen könnten, immer zu sagen: Ich! Wenn wir doch einsehen lernten, dass „ich" gar nichts ist, der aber darinnen wohnt und es treibt, der Gewaltige ist! Wenn wir doch einsehen könnten, dass unser Ehrgeiz ein schlechter Berater ist, der

Stimme Gottes gar nicht ähnlich, dieselbe im Gegenteil erstickt und unsere Ohren gegen sie verschließt.

Wären wir ganz ehrlich gegen uns selbst, so müssten wir einsehen, dass bei unseren größten Unternehmungen wir fast unbewusst gehandelt, ohne langes Erwägen, ohne Ratfragen, ohne Ergründen der Folgen. Wir gehorchten nur. Wem gehorchten wir denn? Dem Gott vom Himmel, der uns erlesen hatte, dieses Werk zu tun, und nun stehen wir selbst verwundert vor dem Gelingen, als hätten wir keinen Teil daran. Es gibt Länder, in denen kein Gang, keine Fahrt unternommen wird, ohne dass man das Zeichen des Kreuzes schlägt, auf diese Weise Gott um Schutz und Segen bittend. Ein solches Kreuz sollten wir innerlich bei jeder Handreichung, bei all unserem Beginnen machen, auf dass der rechte Segen darauf ruhe. Und vor großen Entschlüssen sollten wir nicht zaghaft stehen, sondern freudig beginnen, wozu der Geist uns treibt, gar nicht fragen: Werde ich es auch zu Ende führen? Da es ganz gleichgültig ist, welches Menschenhaupt und welche Menschenhand die Sache zu Ende führt. Darum dürfen wir uns nicht kümmern. Ein anderer sorgt dafür. Nur frisch hineingerissen ins Räderwerk des Lebens, ob du Triebrad bist oder ein Schräubchen, oder der winzige Tropfen Öl, ohne welchen die große Maschine stille stehen würde. Genug, genug, wenn du nicht müßig gestanden, als ein unbrauchbares Werkzeug. Genug, wenn du an rechter Stelle das Rechte tun durftest! Sei froh und danke Gott dafür, der dich nicht für unwürdig gehalten. Bei allen deinen Entschlüssen, bei jedem, das du beginnst, bei der Aufgabe, die an dich herantritt, bei dem Werk, das du in die Hand nimmst, vergiss dich selbst und habe das schöne Wort im Herzen und im Munde: Ich wag's. Gott vermag's! Amen.

***

Ich wag's, Gott vermag's! O Vater! Nicht wollen wir zweifeln und zagen, nicht wollen wir uns sträuben vor der Größe und Schwere der Pflicht! Du, der in den Schwachen mächtig bist, Du kennst auch unser Vermögen und wirst uns vollbringen lassen, was Du willst! Und wenn Du uns letztes und höchstes Gelingen gewährst, so entferne Stolz und Übermut von dem schwachen Herzen, auf dass es nicht denke: Ich, ich habe solches vollbracht! Sondern dass es denke: Preis und Dank Dir, Vater der Güte, himmlischer Lenker, dass Du so viel in meine Hand gelegt! Lehre uns, Deine Stimme erkennen, auf dass wir nichts Falsches beginnen, sondern nur nach Deinem Willen handeln. Gib uns die besten Deiner Gaben: Tatkraft und Demut. Amen.

20. Andacht: Über die Falschheit

Die Textesworte, die unserer Betrachtung zu Grunde gelegt sind, finden wir im Buche Sirach, im 37. Kapitel, im 3. Verse:

„Ach, wo kommt doch das böse Ding her, dass alle Welt so voll Falschheit ist!“

Wo kommt es her, und wer ist falsch? Das böse Ding und vielleicht das Schlimmste in dieser Welt ist die Falschheit, da sie jedes Verhältnis verdirbt, sich in jeden Ort einschleicht, zu der heiligsten Stunde, wie zu der fröhlichen und trüben sich breit macht und ihr Gift streut mit leiser Hand, so dass die Vergifteten es selbst nicht bemerken.

Wo aber kommt sie her? Sie kommt von der Menschen grenzenloser Schwäche, da ihnen der Mut der Wahrheit abgeht, da sie auf ihren nächsten Vorteil bedacht sind, da sie dem anderen nicht gönnen, was sie selbst nicht haben, da sie fürchten, dem Schlaueren zu unterliegen.
Falschheit ist das Merkmal geistiger Armut und Kleinlichkeit, da man sich nicht frei über sich selbst erheben kann, sondern am Boden klebt, an den alltäglichen, elenden Dingen, die der Beachtung nicht wert sind. Wo wird denn ein gesunder, starker Geist falsch sein? Ihm ist Großmut und Offenheit wie Luft und Wasser.
Furcht ist die Mutter der Falschheit, Furcht vor Hintansetzung, Furcht vor Strafe, Furcht vor unbekanntem Ungemach. Darum sollte man die Falschen eher bedauern als verachten. Sie wissen selbst kaum, wie unglücklich sie sind, und wie glücklich sie sein könnten, wenn sie nur frei werden könnten und mutvoll. Falschheit ist die

furchtbarste Sklaverei, die man sich denken kann, denn sie ist die Sklavin der Lüge, und sie gebiert Hass und Verachtung. Wo Falschheit ist, da hören Liebe und Freundschaft auf, da schweigen Opferfreudigkeit und Hingabe, da verstummen Wahrheit und Treue. Sie bildet eine große Wüste, in der kein erquickender Tropfen mehr lebt; denn selbst der Quell ist vergiftet. Sie schleicht daher wie die Schlange und ringelt sich leise um ihr Opfer, das sie erwürgt, wehrlos erwürgt; denn sie überrascht es im Schlafe und bannt es mit ihrem furchtbaren Blicke, oder sie sticht nur einmal und verschwindet, aber der Stich war vergiftet und bringt den Tod.

Nun aber die zweite Frage: Wer ist falsch? „Ich nicht!" und: „Ich nicht!" So möchte jeder rufen. Schaut nur in euch hinein, lange, tief, ernst. Es wird ja kein Geständnis und kein Bekenntnis gefordert, außer vor eurem eigenen Gewissen.

Ist keiner noch jemals falsch gewesen? Hat keiner von euch noch jemals ein Wort gesprochen, das dem anderen schaden könnte? Hast du noch nie einem Menschen Freundlichkeit gezeigt und hernach Schlimmes über ihn ausgesagt? Hast du noch nie vor einem Menschen deine Hand verschlossen, der sein Glück mit dir geteilt und der im Unglück auf dich rechnet? Hast du noch keinen übervorteilt, auf seine Dummheit zählend? Hast du noch nie eine Sache anders dargestellt, als sie wirklich war, nur damit dir keine Unannehmlichkeiten daraus erwüchsen? Hast du noch nie Worte fallen lassen, die eines Menschen ehrlichen Namen untergraben mussten, ohne nachher zu beweisen, was du gesagt, oder dem anderen die Möglichkeit zu geben, sich zu verteidigen?

Falschheit nimmt viele Gewänder an und trägt viele Masken. Niemand kennt ihr wahres Gesicht. Darum kann sie an deine Tür geklopft haben und gar in dein Herz eingezogen sein, und du weißt es nicht. „Alle Welt!“ sagt der große Prediger, „alle Welt ist voll Falschheit!“ Nein, er nimmt keinen aus; denn er hat jeden schwach gesehen, jeden, der nur über den anderen klagte und sich selbst für sündlos hielt.

Und was tun wir, um diese unsere Feindin auszurotten? Wir schieben der Wahrhaftigkeit der Kinder Riegel vor, und lehren ihnen, dass es unklug und unpraktisch ist, die Dinge zu sagen, wie sie sind, dass man damit nicht durch die Welt kommt und auf keinen grünen Zweig, statt ihnen zu lehren, der Wahrheit die Ehre zu geben, koste es, was es wolle. Ja, sie sollen wohl die Wahrheit sagen, dann wenn es keine schlimmen Folgen hat, aber nicht solche, die unsere Interessen schädigen könnte. Wir strafen sie für Lügen und lehren ihnen Falschheit, als wenn es nicht ein und dasselbe wäre, direkt zu lügen oder die Leute etwas Unwahres glauben zu machen. Wie sollten wir den jungen Herzen lehren, Mut zu haben, sich selber zu verklagen, wenn sie Unrecht getan, und die Strafe nicht zu fürchten, damit sie im späteren Leben auch freudig Ungemach ertragen, um der Wahrheit willen. Sie hören aber von unseren eigenen Lippen Ungenaues sagen, sie sehen uns den Menschen freundlich tun und dann sie verhöhnen. Wer gibt uns hierzu das Recht, und was denken wir von dem, der an uns so handelt?

O, wie rasch fliegt das böse Wort von der Zunge! Wie zündend ist ein einziger Blick, ein Achselzucken! Weißt du nicht, dass es schlimmer sein kann als ein Mord?

Wir klagen über die Falschheit der anderen und sind gewissenlos falsch, ohne es zu wissen. Wir sollten nie, nie etwas hinter eines Menschen Rücken sagen, das wir ihm nicht ins Gesicht sagen; denn wir sind vielleicht ungenau, und er kann es nicht berichtigen, wir sind zu hart, und er kann sich nicht verteidigen. Wie oft wird unser Zorn ganz klein, wenn wir von Angesicht zu Angesicht stehen und hören, was der Verklagte sagt, und fühlen, wie große Schuld wir auf uns geladen!

Statt zu dem anderen zu gehen und zu sagen: „Sieh mal, wie der ist und was er getan hat!“, verteidige ihn vor dem anderen; geh aber zu ihm ganz allein und frage: „Warum hast du das getan? Mir kam es vor, als sei es nicht recht!“ Und entweder wird er dir gute Gründe sagen, oder du hast ihn auf einen Fehler aufmerksam gemacht, der ihm hätte schaden können.

Das beste Mittel, Liebe nicht heucheln zu müssen, ist lieb zu haben. Nein, nicht falsch sein, um besser durch die Welt zu kommen; wahr sein, um in den Himmel zu kommen. Amen.

***

O Gott! Verzeih' uns, dass wir aus grenzenloser Schwäche nicht wahr gewesen, dass wir an einander lieblos gehandelt, dass wir die Giftpflanze der Falschheit nicht mit den letzten Wurzelfasern aus unsern Herzen gerissen haben! Wolle Du selbst sie ausreißen, Herr, auf dass unser Garten wieder rein sei und Deine Himmelsblumen darin blühen! Strafe uns Gott, wenn wir nicht in Deiner Wahrheit wandeln, strafe uns, bis wir abtun, was falsch ist. Züchtige unsere Herzen, bis sie rein werden. Lehre uns lieben, so lieben, dass wir nicht im Stande sind, dem anderen ein Haar zu krümmen, dass das böse Wort auf unseren Lippen stirbt, bevor es entflohen. Wir müssen wahr sein können, sonst sind wir nicht Deine Kinder. Amen.

21. Andacht: Seelische Freude

Die Worte, durch welche wir uns erbauen wollen, finden wir verzeichnet im ersten Briefe Pauli an die Thessalonicher, im 5. Kapitel, im 16. Verse:

„Seid allezeit fröhlich!"

Diese Worte des gefangenen, in Todesgefahr schwebenden Apostels an die junge, allen Leiden, Kämpfen und Verfolgungen ausgesetzte Gemeinde, haben etwas Erschütterndes und tief Beschämendes: Seid allezeit fröhlich! Welche Kraft, welche Geduld, welche Selbstlosigkeit gehört dazu, um allezeit fröhlich zu sein! Welch' kindliches Gemüt muss vor allem bewahrt werden und den Stürmen und Bedrängnissen zum Trotz durchs Leben fortdauern, damit wir fröhlich sein können! Ein solches Vertrauen zu Gott sollen wir haben wie die Kinder zu ihren Eltern, unter deren schützender Hand sie geborgen und sorgenfrei sind. Und ist es nicht so, dass dem Zweifler lauter Ungemach widerfährt, während das fromme, tief gläubige Gemüt immer so unendlich viel zu danken findet? Es kommt nicht auf unsere Schicksale an, es kommt auf die Augen an, die die Schicksale ansehen.

Du glaubtest dem Hunger entgegenzugehen, und dir wird unverhofft Arbeit. Du glaubtest dich von allen verlassen, weil du dich von allen abgewandt, und siehe, dir naht unerwartet ein Freund in der Not. Du warst von schwerer Krankheit heimgesucht und bist genesen. Du warst in unerträglichen Verhältnissen gebunden und dachtest nie frei zu kommen, und sie haben sich gelöst.

Wir sind allzu voreilig mit zwei Wörtern, die heißen: „immer" und „nie". Nichts ist immer auf Erden und nichts ist nie.

Seid nur fröhlich und vertrauet auf Gott, den nichts hemmt noch hindert und der euch helfen kann, wenn es Zeit ist, und wäre es auch durch eine selige Erlösung! Darum hören wir nicht auf, zu hoffen. Es gibt immer noch einen Morgen, solange es ein Gestern gibt, solange die Sterne kreisen und die Sonne aufgeht, solange Sommer und Winter einander ablösen, solange Blüten sprießen und Früchte reifen. Das Fröhlichsein ist nicht etwas Äußerliches, Ungewolltes, sondern es ist eine Charaktereigenschaft, eine Tugend und sogar eine Pflicht.

Wer hat nicht die Macht eines einzigen Lächelns erprobt! Es ist im Stande, eine Zentnerlast leichter zu machen, Türen und Herzen zu öffnen, einen bösen Gedanken in einen guten zu verwandeln. Das Lächeln erfordert eine Antwort, und es ist schwer, dass, wenn der Mund lächelt, im Herzen gar kein Widerschein ist von diesem Himmelsstrahl. Denn das Lächeln ist etwas Göttliches, uns allein zugefallen in der ganzen, großen Welt voll lebender Wesen. Es schwebt über dem Erdenleid in selbstloser Reinheit und Schöne. Es will erstaunen und macht fröhlich. Im Kinderantlitz ist es der ganze Himmel; denn das Kind gibt sich rückhaltlos der Freude wie dem Schmerze hin. In seinem Herzchen ist nicht zugleich Raum für die beiden Gefühle. Je älter wir werden, je mehr vermischen sie sich in uns, bis sie einander ähnlich sind. Unsere Freude ist wie Schmerz: erschütternd, ergreifend, erinnerungsschwer. Unser Schmerz wird schwächer, wir wissen es ja, auch er zieht vorüber. In der Jugend glauben wir, uns im ganzen Leben nie mehr freuen zu können. Im Alter wissen wir, dass wir schon oft geweint und oft gelächelt haben, und dass unser Herz zu schwach ist, um ewig eines zu bergen, und zu stark, um ewig einem nachzuhängen.

Gott hat uns so gemacht, dass wir für jeden neuen Eindruck empfänglich sind und durch ihn um ein Weniges umgewandelt werden. Darum tun wir ein gottgefälliges Werk allergrößter Nächstenliebe, wenn wir so viel Freude als möglich um uns verbreiten.

Wie Krankheiten und Traurigkeit ansteckend sind, so ansteckend ist auch die Freude. Wo ein glockenhelles Lachen erklingt, da wird man wie mit Magnetnadeln hineingezogen. In ein fröhliches Lied stimmen alle gerne ein, um auch froh zu werden. Um einen munteren Erzähler schart sich Groß und Klein. Es ist nicht wahr, dass wir auf die Erde gesetzt sind, nur um zu leiden. Wären wir vollkommen, so wären wir immer froh. Nur unsere große Schwäche und Unvollkommenheit bringt uns so vieles, so bitteres Herzeleid! Wären wir im Stande, uns ganz zu vergessen und mehr an die anderen zu denken, so würden wir unser Leiden uns selbst leichter machen. Was tun wir stattdessen? Wir ruhen nicht, bis alle um uns her so gedrückt und traurig sind als wir. Vielen unter uns wird es nicht schwer, mit den Weinenden zu weinen; uns aber mit den Freuenden zu freuen, dazu reicht selten unsere Seelenstärke oder unsere Liebe.

Und es ist doch nicht so schwer, so recht von Herzensgrund Gott zu danken, dass der Bruder froh ist. Sehen wir aber die anderen froh, wenn wir es nicht sind, so fühlen wir uns ausgeschlossen von allem Lebensglück, als wären wir allein aus dem Paradiese verstoßen, und vergessen dabei, dass wir heiter waren, als der andere trauerte.

Die ganze Welt beruht auf gegenseitigem Entgegenkommen, Helfen, Tragen, Lieben, und je mehr wir dies erfüllen, je nützlicher sind wir und ein je stärkeres Glied in der großen Kette.

Freude ist gerade vom Himmel gekommen und in unser Herz gefallen, als Band mit dem verlorenen Eden und mit der künftigen Seligkeit. Freude macht jeden Dienst leicht: leicht, ihn darzubringen, leicht, ihn anzunehmen. Ja, wir sollten, demjenigen, dankbar sein, der uns gestattet, ihm wohlzutun; denn für uns ist dabei eine ganz andere, höhere, reinere Freude als für ihn. Darum sollten wie ihn nie und durch nichts an die empfangene Wohltat gemahnen. Wir sind überreich belohnt durch den frohen Augenblick des Gebens.

Freude ist ein so hohes, reines Gefühl, dass die Erinnerung daran im Stande ist, uns in der Nacht der Schmerzen nicht versinken und verzweifeln zu lassen; denn wir müssen sagen: „Es war mein! Ich habe das alles besessen und lieber ewig trauern, als die Freude nicht gekannt zu haben!“

Wir wissen es selbst gar nicht, wie viel, wie oft wir uns freuen, über die Blume am Wege, über Sonne und Schnee, über befruchtenden Regen, über ein Stück Brot oder einen Trunk Wasser, über eine schöne Farbe oder einen liebreichen Ton, und wäre es nur Kindergezwitscher und Vogelsang, das Kunstloseste und Wundervollste, das für alle Menschen da ist, für Reich und Arm, Hoch und Gering. Nur wenn wir der Freude zu viel begehren, wenn nur im Rausch und Taumel für uns der Genuss besteht, dann folgt ein nüchternes, trübes Erwachen, das keinen Nachglanz bringt von dem genossenen Glück. Die Freude kann nicht von langer Dauer sein; sie kommt, wie der Duft der Linden, der blühenden Reben; aber dann durchdringt sie die ganze Luft, und wir schöpfen sie mit jedem Atemzug. Darum lasst eure Kinder so fröhlich sein wie möglich, dass der Glanz der schönen Jahre über das ganze Leben hin leuchte, wie eine unvergessliche Morgenröte. Lehrt ihnen aber auch, fröhlich zu sein, indem ihr die Kleinen danken lehrt, indem ihr ihnen unablässig zeigt, wie gut Gott ist, der sie in die schöne Welt gesetzt, um darinnen fröhlich zu sein ohne Unterlass. Sagt ihnen früh das herrliche Dichterwort:

Wer Gott wollte Dank für jede Wohltat sagen,
der fände gar nicht Zeit, noch über Leid zu klagen.

Es gibt viele, die wollen sich nicht mehr freuen, weil das Glück später kam oder anders, als sie es gewünscht, wie trotzende Kinder, die nicht mehr wollen, was sie erbeten, weil es nicht gleich gewährt wurde. Was weißt du denn davon, ob es zu der Zeit gut für dich gewesen wäre?
Der Einsichtige erkennt es oft später, dass der liebe Gott es viel besser mit ihm gemeint hat, als er selber, und viel besser für sein undankbares Kind gesorgt hat, als es verdient.

„Freuet euch in dem Herrn allewege, und abermals sage ich euch: Freuet euch!"[1] ruft der Apostel an einer anderen Stelle. Er wollte keine Kopfhänger mit trüben Mienen. Er wollte helle Gesichter, heitere Herzen, leichte Schritte, rührige Hände. Er wollte, dass das Gefühl der Gottesnähe uns die Sorgen abnähme, nicht aber unser Wesen verdüsterte.

O, seid fröhlich und lächelt, wie das, was uns umgibt, der Himmel, die Sonne, die Wiese, der Wald, das Feld, der Bach, der so lustig hüpft, der Fluss, der lauter Strahlen widerspiegelt, der Regenbogen, der Sturmeswolken Lächeln beim ersten Sonnenblick. Im Lächeln wohnt der Friede, der sich ringsum verbreitet, und wer an einer geliebten Leiche, von Schmerz zerrissen, noch für andere lächeln kann, der hat mit den entflo-

---

[1] Brief des Apostels Paulus an die Philipper, Kapitel 4 Vers 4.

henen Teuersten einen Augenblick den Himmel offen gesehen und kann nie verzweifeln.

Freuet euch! ist der Weihnachtsgruß,

Freuet euch! ruft die Natur,

Freuet euch! der Geistesheld, der die Erde besiegt hat. Amen.

***

Lieber Gott! Mach uns fromm, mach uns zu Kindern, auf dass wir der Freude nicht verlustig gehen, die Du in unsere Herzen gelegt, die Du rings um uns her gebreitet! Lass uns nie vergessen, dass wir auf Deiner kleinen Erde fröhlich sein sollen, allezeit fröhlich, weil wir leben und weil wir nur vergehen, um wieder zu leben und neuem Dasein Raum zu geben.

Lass uns fröhlich vergehen, wenn Du uns rufst, lass uns stille harren auf Deine Zeit für die Gaben und für das Verlassen Deiner Gaben! Lass die Klage nicht unsere Lippen entweihen, wenn Du die Teuersten von uns abrufst, auf dass wir statt ihrer den Schmerz des Alleinseins tragen, während sie Deines Himmels froh werden.

Lehre uns das Kleinste erfassen und genießen und nicht blind vorüberschreiten an dem Schönen, davon die Erde so voll ist!

All unsere Sorgen werfen wir auf Dich, Vater, Beschützer, lieber, lieber Gott! In Dir wollen wir uns freuen allewege und abermal uns freuen in Dir. Amen.

Nachwort

Carmen Sylva, Königin und Schriftstellerin

Carmen Sylva ist der Schriftstellername der ersten Königin von Rumänien, geborene Prinzessin Elisabeth zu Wied. Sie kam am 29. Dezember 1843 in Neuwied als älteste Tochter des Fürstenpaares Hermann (1814-1864) und Marie (1825-1902) zu Wied auf die Welt. Prinzessin Elisabeth erhielt eine für ihre Zeit unübliche intensive Erziehung in verschiedenen geistes- und naturwissenschaftlichen Fächern (Geschichte, Kunstgeschichte, Kirchengeschichte, Musik, Mathematik, Physik). Da sie sprachbegabt war, lernte sie schnell mehrere Fremdsprachen, nebst dem für den Unterricht adeliger Kinder üblichem Englisch und Französisch auch Italienisch, Schwedisch sowie Latein und Griechisch, was für die Mädchenerziehung jener Zeit unüblich war. In ihren Memoiren erklärte die Königin dies später so, dass ihre Mutter ihre Sprachbegabung als Ansporn für ihren weniger fleißigen Bruder, Erbprinz Wilhelm zu Wied, nutzen wollte, indem er sie an seinem Lateinunterricht teilnehmen ließ. Die in ihrer Kindheit und Jugend erhaltene vielseitige Erziehung und die besondere Rolle ihrer Mutter, Fürstin Marie zu Wied, schilderte Königin Elisabeth von Rumänien in ihrem im Jahr 1908 veröffentlichten Memoirenband *Mein Penatenwinkel* ausführlich:

„Von meinem zwölften Jahre an gab mich meine Mutter fast ganz in männliche Hände, da sie den Unterricht sehr gründlich wünschte, aber nicht nach der Schablone der höheren Töchter, sondern nach ihrer eigenen Auffassung. Sie selbst behielt den Religionsunterricht in der Hand bis zu den letzten sechs Wochen vor der Konfirmation, und darin leistete sie Außerordentliches. Von der allerersten Kindheit an war um 6 Uhr früh Religionsunterricht, zu dem sich bald meine Mutter mit sehr großer Sorgfalt vorbereitete. Die letzten Jahre besprach sie alles mit meinem Vater und studierte sie die Kirchenväter und die großen Denker, und alle Aufsätze, die sie mir zu schreiben gab, schrieb sie zuvor selber bei der Nacht, oft am Schmerzenslager meines Bruders, während sie seinen kurzen Schlaf bewachte. Sie ließ mich auch unabhängig von anderem Unterricht sehr früh Aufsätze schreiben, zu denen ich sorgfältige Dispositionen machen musste. Über die Pflichten erinnere ich mich noch genau, etwas im Alter von zwölf Jahren geschrieben zu haben, in drei Teilen und wieder ebenso vielen Unterabteilungen. Es sollte große Ordnung in den phantasierenden Kopf gebracht werden. Das scheint mir aber ein schwieriges Beginnen gewesen zu sein, denn was regt nicht die Phantasie an, wenn man lernt! Sogar Geschichte, die mir oft keine Sympathie abgewinnen konnte. Ich sah bald, dass es immer derselbe Kampf von Menschen gegen Menschen war, die sich untereinander zu schaden trachteten, sich gegenseitig Länder entrissen, sich untereinander ermordeten und das Kriege nannten, und besonders sich so betrogen, dass es mir oft heftigen Widerwillen erregte. Meine Mutter gab sich damals die unglaubliche Mühe synchronistische Tabellen für mich zu machen, um mir das viele Erlernen derselben zu erleichtern. Sie dachte, es würde besser sein, wenn ich darüber klar würde, was in den verschiedenen Ländern zugleich vor sich ging. Ich verlor mich gern in die größten Details und wollte mich gewöhnen, die Dinge übersichtlich zu sehen. Es war vielleicht auch etwas früh, um solch einen Fernblick zu gewinnen. [...] Meine Mutter assistierte allen meinen Stunden im Nebenzimmer, ob sie krank im Bette lag oder am

Schreibtisch saß, sie hat nie gefehlt. Ich denke, dass wohl selten eine Mutter es mit ihren Pflichten so ernst genommen hat."[1]

„Es war vielleicht viel verlangt von einem Kinde, aber wie ist mir dies alles nützlich geworden! Meine Mutter sorgte dazwischen für die Wiederherstellung der verdorbenen Handschrift, indem sie mich Fraktur schreiben lehrte, nach ihren alten Heften aus ihrer Jugend! Sie konnte nicht wissen, dass ich noch ungezählte Missalen schreiben und malen würde und die Fraktur fast so viel schreibe, als gewöhnliche Schrift."[2]

---

[1] Carmen Sylva: *Mein Penatenwinkel,* in: *Heimweh ist Jugendweh.* Kindheits- und Jugenderinnerungen der Elisabeth zu Wied (Carmen Sylva), herausgegeben, kommentiert und eingeleitet von Silvia Irina Zimmermann und Bernd Willscheid. Mit einem Vorwort I.D. Isabelle Fürstin zu Wied. [Schriftenreihe der Forschungsstelle Carmen Sylva - Fürstlich Wiedisches Archiv, Band 4], Stuttgart: ibidem-Verlag, 2016, S. 255-262.

[2] Ebd. S. 260.

Rückblickend schildert Königin Elisabeth ihre Kindheit einerseits als eine reiche und schöne Zeit: „Ja, meine Jugend war sehr poetisch und reich und schön, dazu half die wundervolle Natur, der Rhein, der Wald, die gesangreichen Menschen unserer Gegend, alles!“[3]

Andererseits erwähnt sie auch, dass ihre Kindheit und Jugend von den Krankheits- und frühen Todesfällen in ihrer Familie und im engeren Freundeskreis überschattet war. Ihr jüngster Bruder, Prinz Otto (1850-1862), kam mit einem Organleiden zur Welt und starb erst elfjährig. Ihre Mutter, Fürstin Marie zu Wied, litt mehrere Jahre nach der Geburt ihres dritten Kindes an Lähmungserscheinungen in den Beinen. Ihr Vater, Fürst Hermann zu Wied, litt an einem Lungenleiden seit seiner Jugend und starb noch nicht ganz fünfzigjährig, zwei Jahre nach seinem

---

[3] Ebd., S. 223.

jüngsten Sohn. Ihre liebste Jugendfreundin, Marie von Bibra, die Tochter des Kammerdirektors im fürstlich wiedischen Hause, Freiherr August von Bibra, litt an Schwindsucht und verstarb im Jahr 1860, nur sechzehn Jahre alt. Prinzessin Elisabeth dagegen, war als Kind mit ihrer „strotzenden" Gesundheit die einzige Ausnahme in der Familie. In ihren Memoiren erzählt sie: „Dabei von unbändiger Lebhaftigkeit, strotzender Kraft und Gesundheit; ich sagte manchmal: 'Mama, ich möchte einen Berg forttragen!' Das Schicksal hat dieses unbedachtsame Wort wohl gehört! Meine Lebhaftigkeit war allen zur Last, zumal, da so viel Kranke im Hause waren, sie nannten mich Sausewind und Rauschebeutel, und Quecksilber und Hex am Bändel, und was der liebenswürdigen Epitheta noch mehr waren."[4] – „Kein Nachtarbeiten, kein Krankenpfle-

[4] Ebd., S. 164.

gen hat meine Wangen bleichen gemacht. Ich war immer wie eine Rose und Anämie habe ich nie gekannt. Und welche Luft war in unserm Hause, zwischen Vater und Bruder. Mein Gott! Ich muss oft lächeln, wenn ich von Überbürdung höre. Ich arbeitete von vier Uhr früh bis Mitternacht manchmal, und wurde noch gescholten, wenn mir nach dem Tee, bei der Lektüre von Molière und den französischen Chroniken, die Augen zufielen."[5]

Und dennoch: „Ich saß nicht und jammerte über mein trauriges Los, wie man das in Romanen schildert! Ich hatte rote Backen und lachte und war stürmisch in jeder Beziehung, auch im Lernen und Lehren, im Spielen und Vorlesen. Damals durfte ich auch ein Buch meines Vaters für den Druck abschreiben. Ich hatte schon damals das System, durch Überarbeiten den Schmerz zu

---

[5] Ebd., S. 263.

bekämpfen und zu ertragen. Denn Denken war nicht auszuhalten. Damals machte ich auch viele Gedichte an Marie, an die Gräber meiner Lieben, und ließ in diesen Gedichten meinem ganzen Empfinden freien Lauf. Sie waren unvollendet in der Form, nur stark empfunden! Ich wusste damals noch gar nicht, dass Prosodie eine Kunst ist, und dass man das Dichten erlernen muss. Ich dachte es sei eine Sünde etwas dazu zu lernen. Ich fürchtete immer, es könnte den natürlichen Quell zum Versiegen bringen. Ich hielt ihn tief verborgen, aber mir tat es wohl, so überströmen zu können. Ich wurde wach im Schmerze, eine Sturmnatur, der wilde Waldbach, wie mich meine Mutter nannte. Ich kämpfte immer dagegen, ich wollte ihn besiegen. Aber er war doch der Stärkere."[6]

---

[6] Ebd., S. 278.

Ihr angeborenes Dichtertalent erkennt sie in der Kindheit zunächst nicht als solches, da es ihr zu leicht fällt, immer wieder neue Reime und Lieder zu erfinden: „Ich wäre gern, ach wie gern ein Künstler gewesen, Musiker oder Maler, aber ich dachte, mir fehle das Talent, und ich ahnte nicht, dass ich bereits ein Dichter war. Denn ich schrieb heimlich und dachte, das tue jedermann, das sei gar keine Kunst, da es natürlich sei, ich hatte auch keine Ahnung von Prosodie oder Regeln, oder so etwas. Kleinpauls Poetik lernte ich erst mit dreißig Jahren in Bukarest durch eine ganz besondere Veranlassung, die ich erzählen werde. Damals sang ich wie der Vogel singt, im vollen Sinne des Wortes, denn jedes meiner Gedichte sang ich mir vor, den ganzen Tag sang ich, und konnte gar nicht stille sein!“[7]

---

[7] Ebd., S. 223.

Am 15. November 1869 heiratete Prinzessin Elisabeth den Prinzen Karl von Hohenzollern-Sigmaringen, der seit 1866 Fürst der vereinigten rumänischen Donaufürstentümer war, und lebte fortan am rumänischen Hof in Bukarest. Die ersten Regierungsjahre des Fürstenpaares in Rumänien wurden vor allem um und nach 1870 durch heftige antidynastische, deutschfeindliche und frankophile Stimmungen in der rumänischen Hauptstadt geprägt, die aber nach 1880, nach dem Erringen der Unabhängigkeit und der Erhebung Rumäniens zum Königreich, moderater wurden. Das einzige Kind des Fürstenpaares, Prinzessin Maria, starb 1874 im Alter von drei Jahren an Diphtherie und Scharlachfieber, mit dem es sich bei einem gemeinsamen Besuch mit Fürstin Elisabeth in einem Bukarester Waisenhaus angesteckt hatte. Der Tod der Prinzessin

Maria stürzte die Fürstin in eine Depression. Darüber hinaus wurde Elisabeth unter dem permanenten Druck, die Dynastie durch einen Thronfolger zu festigen, belastet. Trotz aller Hoffnungen und Kuraufenthalte Elisabeths blieb die Ehe des Fürsten- und ab 1881 ersten Königspaares von Rumänien kinderlos, so dass schließlich ein Neffe des Königs Carol I. von Rumänien, Prinz Ferdinand von Hohenzollern, zum Thronfolger designiert wurde.

Die schriftstellerische Tätigkeit

Um ihren Imageverlust wegen ihrer Kinderlosigkeit zu kompensieren, versuchte Elisabeth als vorbildliche Landesmutter und als Kulturvermittlerin durch die persönliche Werbung für Rumänien im Ausland zu wirken und so dem Land und ihrem Gemahl, Fürst Carol von Rumänien, nützlich zu sein. Bereits 1870 hatte Elisabeth einen ersten Armenverein sowie eine (nur kurzlebige) Gesellschaft zur Übersetzung von Kinderbüchern aus dem Französischen ins Rumänische gegründet, und sie widmete sich verstärkt der Wohltätigkeit. Im russisch-türkischen Krieg (1877-1878), in dem auch der Einsatz rumänischer Truppen gefragt war, forderte die Fürstin, mit eigenem Beispiel voranschreitend, die adligen Frauen Rumäniens zur materiellen und insbesondere eigenhändigen Hilfe bei der Pflege verwundeter Soldaten auf. Nach dem russischen Sieg über das Osmanische Reich, den die rumänischen Truppen unter der Führung des Fürsten Carol mitentschieden hatten, wurde Rumänien 1881 zu einem vom Osmanischen Reich unabhängigen Königreich erklärt. Im selben Jahr wurde Königin Elisabeth mit der Ehrenmitgliedschaft der Rumänischen Akademie (Abteilung für Literatur) geehrt. Als Königin von Rumänien setzte sich Elisabeth konsequent für

Wohltätigkeit und Frauenförderung ein, insbesondere aber für die Förderung und Vermittlung rumänischer Kultur und Kunst. Ab dem Jahr 1878 trat sie als Übersetzerin rumänischer zeitgenössischer Lyrik ins Deutsche unter verschiedenen Pseudonymen an die an die Öffentlichkeit. 1880 wählte sie sich den Künstlernamen „Carmen Sylva“, den sie fortan für ihre schriftstellerische Tätigkeit bis an ihr Lebensende verwendete.

Königin Elisabeth von Rumänien veröffentlichte zahlreiche Gedichte, Versepen, Märchen, Erzählungen, Theaterstücke, Aphorismen und Essays vorwiegend in Deutschland. Ihre literarischen Werke wurden in mehrere Sprachen übersetzt und erreichten somit auch fremdsprachige Leser in den europäischen Ländern sowie weltweit, zum Beispiel in Frankreich, Schweden, den Niederlanden, Ungarn, Großbritannien, den Vereinigten Staaten von Amerika, in Australien und

Japan. Selbst überrascht und stolz über ihren weltweiten Erfolg als Schriftstellerin und Übersetzerin, gestand sie ihrem Gemahl in einem Brief aus Wiesbaden am 17. Oktober 1889 folgendes: „Habe ich Dir schon erzählt, daß neulich eine australische Dame in Neuwied war, zum ersten Mal in Europa, ganz erschüttert, mich zu sehen. Ich sei in Australien so populär!!- Arm Ibi![8] affüblirt mit so-ner Frau, von der man spricht! Fatal? sehr fatal? nicht wahr? Und was that man nicht, um mein Licht unter den Scheffel zu stellen! Es hat aber den Scheffel durchgebrannt & glänzt doch. Die englische Uebersetzung des *Rhapsoden* geht zugleich in England & Amerika in Druck. Die französischen Dichter waren in solchem Entzücken, daß Sully Prud-

[8] Ibi ist der Kosename, den Elisabeth für ihren Mann in den Briefen ab 1874 verwendet (vermutlich abgeleitet von „Lieber", in der Kindersprache der verstorbenen Tochter Prinzessin Maria).

homme die Thränen über das Gesicht liefen & Leconte de Lisle sagte, es sei eine neue Aera in der Dichtkunst! Unser kleines, kleines Land! ist das nicht doch schön? Es kommt noch Viel, *si Dieu me prête vie! Ex oriente lux* werden wir dann ganz stolz sagen & es auf uns anwenden! Mein Brief wird auch Nando[9] interessiren. Schrieb ich Dir schon daß 40 Lieder von mir & 20 aus dem Rhapsoden componirt sind & mit den Handwerkerliedern zugleich in Druck gehen werden? Welche Ueberschwemmung!- Ich umarme Dich zärtlich! Deine Frau."[10]

---

[9] Prinz Ferdinand von Rumänien (1865-1927), in der Familie Nando genannt, war der Sohn des ältesten Bruders von König Carol I. von Rumänien, Fürst Leopold von Hohenzollern-Sigmaringen (1835-1905). Da das rumänische Königspaar keine Kinder hatte, wurde der Neffe Carols zum Thronfolger Rumäniens designiert und lebte ab dem Jahr 1889 in Rumänien.

[10] *„In zärtlicher Liebe Deine Elisabeth" – „Stets Dein treuer Carl". Der Briefwechsel Elisabeths zu Wied (Carmen Sylva) mit*

Die Verlage, in denen Carmen Sylvas Bücher erschienen, warben auch mit der hohen sozialen Position der Autorin, um den Verkauf zu fördern, und sie stellten somit nicht nur das Werk in den Vordergrund, sondern appellierten gleichzeitig auch an eine gewisse Sensationslust der Leser.

Und dennoch war der Erfolg für die Königin und Schriftstellerin nicht selbstverständlich, und die Veröffentlichungen einer Königin stießen, sowohl in Deutschland als auch in Rumänien, nicht immer auf Anerkennung oder Wohlwollen, sondern lösten zum Teil sogar heftige Kriti-

---

ihrem Gemahl Carol I. von Rumänien aus dem Rumänischen Nationalarchiv in Bukarest. 1869-1913. Historisch-kritische Ausgabe. Herausgegeben, kommentiert und eingeleitet von Silvia Irina Zimmermann. [Schriftenreihe der Forschungsstelle Carmen Sylva - Fürstlich Wiedisches Archiv, Band 6 und 7], 2 Teilbände, Stuttgart: ibidem-Verlag, 2018 – im Folgenden abgekürzt als: Briefedition Elisabeth-Carol (2018) – Teil 1, S. 409-410.

ken aus. Insbesondere ab 1891, als die Königin aufgrund ihrer Einmischung in die Heiratspolitik um dem designierten Thronfolger Prinz Ferdinand von Rumänien bei der politischen Elite Rumäniens in Ungnade fiel und für einige Jahre im Exil verbleiben musste, veröffentlichte der rumänische Schriftsteller Barbu Ştefănescu Delavrancea in Bukarest einige Artikel, die die schriftstellerischen Leistungen und ihr Verständnis der rumänischen Kultur und des Volkslebens in Frage stellten. Über diese Angriffe in der Presse durch Ştefănescu Delavrancea äußerte sich König Carol I. in seinem Tagebuch am 29. April/ 11. Mai 1892: „Die Zeitung *Voinţa naţională* greift Elisabeth an, infam, *de la Vrancea.*“[11] Kritische Äußerungen zur schriftstellerischen Tätigkeit kamen nicht nur von außen, sondern auch aus der Umgebung der Königin und sogar

[11] Vasile Docea (Hg.): Regele Carol I al României: *Jurnal,* Band 2: 1888-1891, Bucureşti: Polirom, 2014, S. 300.

von ehemaligen von ihr geförderten Personen. Am deutlichsten ist dies am Beispiel der Schriftstellerin und Übersetzerin Mite Kremnitz sichtbar, die in den Jahren von ca. 1878 bis 1890 eine Vertraute der Königin Elisabeth gewesen war und mit ihr zusammen mehrere Bücher unter dem Doppelpseudonym „Dito und Idem" herausgegeben hatte. Während der Exilzeit der Königin, gewann Mite Kremnitz das Vertrauen des Königs Carol I., der sie mit der Redaktion seiner Biografie beauftragte – ein Vorhaben das Königin Elisabeth jahrelang davor ihrem Gemahl nahegelegt und für sich als Verfasserin beansprucht hatte. Die geschwächte Stellung der Königin am rumänischen Hof ausnutzend, veröffentlichte Mite Kremnitz im Jahr 1902 einen Pamphlet-Roman, *Am Hofe von Ragusa,* in dem sie Königin Elisabeth anhand der Fürstinfigur im Roman karikierte. Im Jahr 1903 folgte von ihr dann eine Biografie der Königin, *Carmen Sylva.*

Ein Lebensbild, in der sich Mite Kremnitz auch mit dem Dichterruhm der Königin befasste und worin sie die Leistungen der Königin in der Wohltätigkeit und Kulturförderung sowie als Schriftstellerin oft relativierte und stellenweise auch herunterstufte.[12] Vor allem von Kremnitz' Roman *Am Hofe von Ragusa* fühlte sich Königin Elisabeth angegriffen und in der Öffentlichkeit lächerlich gemacht und in einem Brief aus Sinaia an Karl Xaver von Scharfenberg vom 24. April 1903 äußerte sich darüber folgendermaßen: „Ich weiß nicht, ob Sie auf jenen *Horror* von Frau Kremnitz ein Auge geworfen haben – die Ähnlichkeit ist ausreichend, um den Rest glaubhaft zu machen. Es ist schlimmer als alles, was man

---

12 Mite Kremnitz: *Am Hofe von Ragusa,* Breslau: Schottländer, 1902, und *Carmen Sylva. Ein Lebensbild,* Leipzig, Haberland, o.J. [1903].

gegen mich je getan hat, weil man es umso mehr glauben wird."[13]

Einen weiteren nachteiligen Einfluss auf den Nachruhm der Königin Elisabeth als historische Persönlichkeit hatten auch die Memoiren ihrer Nachfolgerin auf dem rumänischen Thron, Königin Maria von Rumänien, die ab 1893 am Bukarester Hof lebte und die im Oktober 1893 den ersten Thronfolger auf rumänischem Boden gebar, womit sie zur Stammesmutter der rumänischen Dynastie avancierte. Königin Marias im Alter verfassten Erinnerungen an ihre Jugend-

---

[13] Zitiert in Karl Peters: *Carmen Sylva als lyrische Dichterin* (Dissertation), Marburg: Friedrich's Universitäts Buchdruckerei, 1925, S. 12-13. Zitat aus dem Englischen übersetzt von Silvia Irina Zimmermann. Mehr über den Roman *Am Hofe von Ragusa* in: Silvia Irina Zimmermann: *Über den Herrscher in republikanischen Zeiten*, in: Dies.: *Unterschiedliche Wege, dasselbe Ideal. Das Königsbild im Werk Carmen Sylvas und in Fotografien des Fürstlich Wiedischen* Archivs, Stuttgart: ibidem-Verlag, 2014, S. 89-93.

jahre am Bukarester Hof enthalten mehrere, meist kuriose Bilder von „Aunty", wie Maria ihre Vorgängerin, Königin Elisabeth nannte, und in welchen sie Königin Elisabeths Selbstlosigkeit und Enthusiasmus einerseits bewunderte, andererseits aber belächelte sie meist deren Initiativen und bemitleidete sie als eine „Träumerin von Träumen".[14] Die Erinnerungsbilder der Königin Maria über Königin Elisabeth enthielten keine Urteile über die literarischen Werke Carmen Sylvas, die auch nicht explizit erwähnt werden, obwohl andere Schriftsteller und ihre Werke in den Memoiren der Königin Maria zitiert werden. Aber dadurch dass Maria das Bild von einer phantastischen, fast schrulligen alten Königin Elisabeth zeichnet, bestärkt auch sie

---

14 Marie Queen of Roumania: *The Story of My Life*, 3 Bände, New York: Scribner's / London: Cassell, 1934f. Königin Maria von Rumänien: *Traum und Leben einer Königin*, Leipzig: List, 1935.

damit eine übertriebene kritische Tendenz, die auch auf die Schriftstellerin Carmen Sylva herabfällt.

Und wie betrachtete Königin Elisabeth selbst ihre schriftstellerische Tätigkeit? Ihre Selbstaussagen sind ebenso zahlreich, wie sie manchmal, je nach dem Lebensmoment der jeweiligen Briefaussage, widersprüchlich erscheinen können. Man kann aber allgemein behaupten, dass das Dichten sie ein Leben lang, seit der Kindheit begleitete, und diese Erkenntnis vermittelt sie selbst in mehreren Gedichten, in Briefaussagen und in den im Alter verfassten Erinnerungen an ihre Kindheit und Jugend, *Mein Penatenwinkel* (1908). Bezeichnend ist auch, dass sie ihrem Gemahl bereits in den ersten Tagen nach ihrer Verlobung, Gedichte zuschickt und ihn auffordert, sie aus den Gedichten kennenzulernen: „Ich lege Dir ein Gedicht bei, das ich den Tag nach Deiner Abreise von Monrepos gemacht habe, als Antwort auf Was wirst Du selbst sehen. Mein erstes ungereimtes Gedicht ist es; die Reime scheinen mir meinen Gedanken zu sehr abzuschwächen & sie sind ja auch gar nicht nötig, damit etwas Poesie sei. Ich schicke es Dir, weil Du es ja doch einmal lesen wirst, da Du mich aus meinen Gedichten erst ganz kennen lernen kannst, glaube ich, wenigstens einige Seiten, die im gewöhnlichen Leben nicht so leicht zum Vorschein kommen."[15]

Auch den anderen Familienmitgliedern und an Freunde legt sie Gedichte als Beilage zu ihren Briefen bei. Damit teilt sie nicht nur ihre Leidenschaft mit diesen, sondern will ihnen damit eine Freude zu machen.

Nach dem Tod ihres einzigen Kindes, Prinzessin Maria, im Jahr 1874 ist es vor allem das Gedichteschreiben, das Elisabeth zur Bewältigung

---

[15] Briefedition Elisabeth-Carol (2018), Teil 1, S. 72.

ihrer Trauer und ihres Schmerzes hilft. Wohl wissend, dass man von ihr erwartet, eine „funktionierende" Fürstin zu sein und keine kranke, kinderlose und an Heimweh leidende Dichterin, vertraut sie ihrem Schwiegervater, Fürst Karl Anton von Hohenzollern Sigmaringen, in einem Brief vom 10. Dezember 1875 folgendes an: „Warum muß man, wenn man so viele Todte zu beweinen hat, sich sein Leben lang auch nach den Lebenden sehnen! Manchmal ist man versucht darüber zu murren & sich zu fragen, ob der Beruf schön ist, daß er auch solcher Opfer werth bleibt. Das werden wir an unserm Lebensende wissen.– […] Ich habe jetzt immer das Gefühl, als müßte ich Euch um Verzeihung bitten, daß ich nun so gar nichts für Carl sein kann, & frage den Doctor beständig: 'Nicht wahr, es ist nicht meine Schuld, daß ich krank bin?' Ich habe mich ja erst überarbeitet, als ich mich täglich schwächer werden fühlte & als ich die begleitende Melancholie gar nicht mehr bekämpfen konnte. *J'ai beau me dire*, daß alle meine Schriftstellerei Carl gar nichts nützt – ich kann es doch nicht lassen; denn es drückt mich todt, wenn es nicht heraus darf, was ich in mir habe. Auch sind so viele einsame & freudenleere Stunden dadurch ausgefüllt, daß man es mir doch gönnen muß. Ich verstehe Dich jetzt besser als je: ich möchte immer ganz still an demselben Platz sitzen & arbeiten & keine Menschen sehen & besonders ganz einförmig leben."[16]

Einige Jahre später, als sie an ihrem Lyrikband *Meine Ruh'* arbeitet, teil sie ihrem Gemahl ihren Enthusiasmus über diese Tätigkeit in einem Brief aus Sinaia vom 24. November 1882 mit: „Gestern habe ich nicht weniger als dreißig, sage dreißig Lieder gemacht, natürlich alle sehr heiter, Frühlings- & Liebeslieder für Meine Ruh, & heute

---

[16] Rumänisches Nationalarchiv Bukarest, Fonds Regele Carol I, Korrespondenz, V-128.

früh von 4 ½ bis 8 ½ waren sie fertig abgeschrieben, mit gründlichen Correcturen. Ich habe vielleicht im Leben noch nicht eine solche Arbeitskraft gespürt. Die jungen Mädchen haben ausgerechnet, daß sie zugesehen haben, wie ich in ungefähr 5 bis 6 Wochen 95 Lieder gemacht habe! Meine Muse schreibt sich mit ß! das sage ich ja immer! Die köstlichste Stille, die himmlische Luft tragen reichlich dazu bei, mir Flügel zu geben. Eben habe ich Alecsandri mein erstes französisches Gedicht geschickt; lad' ihn doch einmal ein, er soll Dir zuerst sein reizendes Gedicht an mich vorlesen & dann meine Antwort; es wird Dich amüsiren. Nun habe ich nicht die entfernteste Idee von französischer Versification; ich spiele Blinde Kuh & fahre mit meinem Stock Gott weiß wo herum."[17]

---

[17] Briefedition Elisabeth-Carol, Teil 1, S. 323.

Als der erhoffte Kinderwunsch sich nach Jahren immer noch nicht erfüllt und die Einsicht sich einstellt, dass ihr weiterhin nur das Schreiben übrig bleibt, scheint sich Königin Elisabeth mit dem Schicksal letztlich abgefunden zu haben: „Ach, wie himmlisch, sich am Ende der Tage einmal, endlich seinem inneren Berufe hingeben zu dürfen. Das ist ein solches himmelhohes Glück, weit größer als dasjenige [der Kinderwunsch], dem ich so lange nachgejagt und meine beste Kraft und Zeit geopfert! Um die Zeit in den 18 Jahren, die falsche Hoffnungen fortgefressen, ist's mir ewig leid, denn die ist nicht einzubringen. Jetzt will ich nie mehr ein Diebsgefühl haben beim Arbeiten und dadurch nie mehr so hastig sein, sondern frei meine Bahnen gehen, unbekümmert um die umgebende Welt... An die Freiheit des Willens glaube ich nie mehr – ich! die mich meines eisernen Willens gerühmt! Es gibt gar keinen Willen, sondern nur eine Führung!"[18]

Diese gemischten Gefühle der Königin Elisabeth - die Unzufriedenheit, dass der eigene Wille allein nichts zu ändern vermag, gefolgt von der Resignation und schließlich die Versöhnung mit dem eigenen Schicksal und die Zuversicht, dass alles in Gottes Hand bleibt, bis hin zu neuem Enthusiasmus und neuer Lebensfreude, als sie sich von ihren Nächsten wieder geliebt und geschätzt fühlt - sind auch in den Briefen der Königin an ihren Gemahl aus der Exilzeit in Pallanza (1891-1892) und in Segenhaus bei Neuwied (1892-1894) zu vernehmen:

„Wenn ich nach Rumänien zurückkomme, dann ist der Dichter todt & die Fürstin eine Andre. Ich habe mir schon einen Plan gemacht. Unter den unendlich vielen Unzartheiten, die ich erduldet

---

[18] Brief an Mite Kremnitz, Sinaia, im Herbst 1888, zit. in Kremnitz (1903), S. 279.

habe, fand ich die nicht die Geringste, daß man mir beständig von F.'s [Ferdinands] Heirath sprach, um mir meine Sterilität so recht unter die Nase zu reiben. Ich antwortete dann immer: '*Je m'en occupe avec d'autant plus d'énergie que je compte me retirer complètement dès qu'il y aura une jeune princesse.*' Dieses Programm werde ich durchführen.'" (Pallanza 9. Dezember 1891).[19]

„Ich fange an, nach einander jedes Opfer zu bereuen, das ich dem Lande gebracht. Früher habe ich nicht daran gedacht; aber jetzt habe ich Zeit zum Nachdenken & Summen zu ziehen, & da ist kein *equilibre*. Ich habe unnöthige Opfer gebracht. *Enfin! c'est fait!* Es ist merkwürdig, so vollkommen stillgestellt zu werden, aus einer so ausgedehnten & vielseitigen Thätigkeit, aus dem Qualm & Brodem menschlicher Leidenschaften heraus, in diese Stille. Ich hatte mirs oft so sehr

---

[19] Briefedition Elisabeth-Carol (2018), Teil 2, S. 92.

gewünscht, gerade wie den Winter im Süden. Und nun ist mir Beides wie zum Hohn gewährt worden. So gehen meine Wünsche in Erfüllung." (Segenhaus, 26. September 1892).[20]

„Was hat all mein Ernst mir geholfen! Ich bin nur viel schwerer durchs Leben gekommen! Ich wollte einen geistreichen, künstlerischen Hof haben, ein Ferrara[21], etwas das weit hinausleuchten sollte in die höchste Civilisation hinein. Wahrscheinlich war der Boden auf dem ich das pflanzen wollte, noch nicht reif dafür, & die tanzenden Füße passen besser als die Denkerstirnen!- Wer kann sagen warum die Dinge so gehen wie sie gehen! Es ist gewiß nicht wahr daß

---

20 Ebd., S. 201.

21 In der Renaissancezeit und unter der Herrscherfamilie Este, einer der bedeutendsten Fürstendynastien Italiens, erreichte die italienische Stadt Ferrara eine wirtschaftliche und kulturelle Blütezeit. Die Herzöge von Ferrara waren bedeutende Mäzene der Kunst und Wissenschaften.

man seines Schicksals Schmied ist! Man ist seines Schicksals Spielzeug & Willensfreiheit ist ein leerer Begriff. Man wird für einige Zeit an einer Stelle benutzt, weil man dafür passt, & in der Stunde wo man verbraucht ist, wird man einfach weggestellt." (Segenhaus, 10. März 1894).[22]

„Nun baut Mama das schöne Atelier & ich kann noch keinen Pinsel halten! Aber mit meiner Energie wird Schmerz & Schwäche überwunden! Ich konnte gar nicht mehr gehen, weil man mich nicht stützen konnte, da man mich nicht anrühren konnte ohne mir weh zu thun.– Seit der Ohrenentzündung habe ich mich stetig schwächer werden fühlen.– Dafür lese ich mit Macht! [...] Mama's Ueberraschung, gerade über mir ein Atelier zu bauen, hat mich ungemein erfreut […]." (Segenhaus 12. Oktober 1893).[23]

---

22 Briefedition Elisabeth-Carol (2018), Teil 2, S. 383-384.

23 Ebd., S. 323-324.

„An mir ist seit Deinem Besuch wie ein Wunder geschehen! Du hast alle schlummernden Electricitäten geweckt. Ich habe auf einmal einen großen Apetit, schlafe lang & fest, es ist manchmal großer Tag wenn ich erwache, & die Arbeitskraft strömt wie in meiner Jugend! Der Pinsel fliegt in meiner Hand! Es stehen schon 9 Gegenstände da für den Bazaar der katholischen Kirche, & dabei wogt mir allerhand durch den Kopf das schön zu machen wäre! Ich fange selber an zu glauben, ich werde noch einmal jung! Nun, bei Deiner Frau ist alles möglich! Aus dem Grabe heraufgeholt & noch einmal jung werden weil Du es so willst! Nur keinen Verdruß! Ach! wenn nur jetzt der Himmel neutral bleiben wollte! Dann bliebe ich auch gesund! Nein! es ist nicht zu sagen! Hätte ich nur dieselbe Wirkung auf Dich gehabt!! Wer weiß! Ich werde Dich mir gesund erhalten, wie Du mich, wenn Gott will, wenn es so beschlossen ist! Es ist ja beinahe ein Wunder was ich jetzt an mir erlebe! Trotz der Hundekälte - 6 Grad! - ganz wohl! ein wenig Schmerzen natürlich; das ist aber gar nichts, wenn nur das Kraftgefühl besteht! Alle Menschen die mich wiedersehen sehen mich starr an & dann rufen sie: 'Nein! wie sehen Sie gut aus, um 10 Jahre verjüngt!' ich lächle dann in mich hinein & denke: das hat mein Mann fertig gebracht!" (Segenhaus, 15. Juni 1894).[24]

Die letzten Schaffensjahre der Königin in Rumänien, von 1894 bis 1916, waren ebenso reichhaltig, wie die ersten Jahre nach dem literarischen Debut von 1880 bis 1891, vor dem Exil, es gewesen sind. Die Königin veröffentlichte weitere Gedicht- und Märchenbände, Aphorismen, Essays und Erinnerungen. In einem Brief an den befreundeten Pfarrer Ludwig Schneller gewährt sie diesem Einblick in ihre Tätigkeiten: „Als

---

[24] Briefedition Elisabeth-Carol (2018), Teil 2, S. 409-410.

Schriftstellerin übersetze ich ein großartiges französisches Werk, die Geschichte der dramatischen Kunst[25], etwas Prachtvolles, Herzerhebendes! Der erste Band ist vollendet, Aeschylus; der zweite ist im Gang mit Sophokles. Wenn sie es einmal lesen werden, wie werden Sie sich freuen! Der Styl ist glänzend, der Inhalt erschöpfend. So lebe ich neben den Berufspflichten mein eigenes Leben und biete Geistiges denen, die mir nahekommen. Die Leute wundern sich über meine unablässige Tätigkeit und fragen immer, ob ich denn nie müde werde. Ich sage: Nie! Ich kenne nur Kranksein, aber nicht Ermüdung. Von morgens 3 oder 4 bis abends 11 oder oft 12 mit einer Ruhestunde mittags ist auch Zeit für alles. Ob ich noch Heimweh habe nach Deutschland? Leider bin ich davon geheilt seit Segenhaus. Allerdings war die gefängnisartige Raumbeengung

---

[25] Paul de Saint-Victor: *Die beiden Masken*. Deutsch von Carmen Sylva, 3 Bände, Berlin: Duncker, 1899-1900.

und Bewegungsbeschränkung nicht dazu angetan, ein Heimatgefühl aufkommen zu lassen. Es gab auf der ganzen Erde keinen Ort mehr, wo ich hätte sein mögen. Und jetzt finde ich *den* Platz gut, an den mich Gott stellt, da ich mich bescheide, nicht mehr Vorsehung spielen zu wollen, und auch nicht mehr als nötig Kassandra bin." (Bukarest, 11. Januar 1897).[26]

Über die Veröffentlichung des Bandes Märchen einer Königin schrieb sie an Pfarrer Schneller 1902: „Ich habe vier Bände Märchen geschrieben für Amerika, von denen bis jetzt nur der erste erschienen und schon in viele Sprachen übersetzt ist: ebenso zwei neue Bände Gedichte – nun ist der volle Zug wieder da! Ich mußte zuerst den Druck von all den Jahren vergessen und ein Gefühl von innerer Freiheit wiedererlangen, be-

---

[26] Ludwig Schneller: *Königserinnerungen*, Leipzig: Wallmann, 1926, S. 84-86.

vor die Inspiration so wie früher einsetzen konnte." (Bukarest, 3. Januar 1902).[27]

Einige literarische Texte, die Königin Elisabeth vor 1891 angefangen hatte, überarbeitete sie und veröffentlichte sie nach 1900, so zum Beispiel den Band *Seelengespräche* (1900) und das fünfbändige essayistische Werk *Geflüsterte Worte* (1903-1912).

Als Kronprinzessin Maria von Rumänien um 1900 ebenfalls begann, fantastische Märchen, Kindergeschichten und Novellen zu schreiben, ermutigte Königin Elisabeth sie und unterstützte deren schriftstellerische Tätigkeit durch Vorworte zu den englischsprachigen Ausgaben Marias sowie durch Übersetzungen ins Deutsche.

Nach dem Tod des Königs Carol I. von Rumänien am 10. Oktober 1914 lebte Königin Elisabeth vorwiegend auf ihrem Witwensitz im Kloster

---

[27] Schneller (1926), S. 87.

Curtea de Argeş. Sie betätigte sich weiterhin literarisch und blieb als Mäzenin der Künste und Schirmherrin mehrerer Wohltätigkeitsprojekte bis zu ihrem Lebensende aktiv. Königin Elisabeth starb am 2. März 1916 in Bukarest und wurde in der Klosterkirche von Curtea de Argeş, der Nekropole der rumänischen Könige, begraben.

Carmen Sylvas geistiges Erbe

Königin Elisabeth von Rumänien hat ihren Platz in der Geschichte Südosteuropas in der zweiten Hälfte des 19. Jahrhunderts. Einmal aufgrund der Tatsache, dass sie die erste Königin von Rumänien war und an der Seite ihres Gemahls König Carol I. von Rumänien über vier Jahrzehnte lang, von 1869 bis 1914, an der Entwicklung des Landes von einem Vasallenstaat des Osmanischen Reiches bis zu einem eigenständigen und modernen Staat mitgewirkt hat. Des Weiteren bleibt Elisabeth von Rumänien (Carmen Sylva) in Erinnerung als eine Persönlichkeit, deren Sichtbarkeit als Königin und Schriftstellerin in der Öffentlichkeit für ihre Zeit außergewöhnlich war. Diese öffentliche Sichtbarkeit weltweit ist der wichtigste Aspekt, den Elisabeth der Rolle einer Königsgemahlin in Rumänien hinzugefügt hat und von dem auch ihre Nachfolgerin, Königin Maria von Rumänien, stark profitiert hat. Obgleich Carmen Sylva keine Königin der Dichtung für die Literaturgeschichtsschreibung wurde, so bleibt sie dennoch als eine Königin in Erinnerung, die mit ihrer schriftstellerischen Tätigkeit das Königreich Rumänien zu ihrer Zeit weltweit bekannt gemacht hat.

Das rumänische Königspaar um 1883.

Königin Elisabeth von Rumänien in rumänischer Bauerntracht an dem Evangelienbuch für die Klosterkirche Curtea de Argeş malend (um 1883-1886).

Pergamentblatt aus dem Evangelienbuch für die Klosterkirche Curtea de Argeş gemalt von Königin Elisabeth von Rumänien (1886-1892).

Kleine Andachten für Segenhaus

Zu ihrem 59. Geburtstag am 29. Januar 1884 erhielt die Fürstin-Witwe Marie zu Wied (1825-1902) von ihrer Tochter Königin Elisabeth von Rumänien eine 400seitige, in einem Prachteinband gebundene und in eigenhändiger kalligraphischer Fraktur geschriebene Sammlung selbst verfasster geistlicher Texte. Die Handschrift aus dem Jahr 1883 trug den Titel *Kleine Andachten für Segenhaus,* und enthielt die Widmung:

„Müden Augen. Nasse Augen trockne Du, kranken Herzen schaffe Ruh'… Meiner Mutter, meinem Religionslehrer und Vorbild auf dem Erdengange. Zum 29. Jan. 1884. Vollendet am Sylvesterabend den 31. Dec. 1883. Elisabeth".

Königin Elisabeth von Rumänien (3. von links) zu Besuch bei ihrer Mutter, Fürstin Witwe Marie zu Wied (2. von rechts), in Segenhaus bei Neuwied, um 1900.

Im Jahr 1888 veröffentlichte Königin Elisabeth die erste Ausgabe ihrer Andachtstexte in rumänischer Übersetzung unter dem Titel *Cuvinte sufleteşti* (Seelenworte) im Verlag „Tipografia Cărţilor Bisericeşti" (Druckerei der kirchlichen Bücher) in Bukarest. Die rumänische Erstausgabe enthielt 21 Andachten, die jeweils einen inhaltlichen Titel trugen, z.B.: „I. Despre tăria, slăbiciunea şi desfătarea sufletească“ (I. Über Stärke, Schwäche und Selbstgefälligkeit“); „II. Despre chemarea noastră″ (II. Über unsere Berufung), etc.

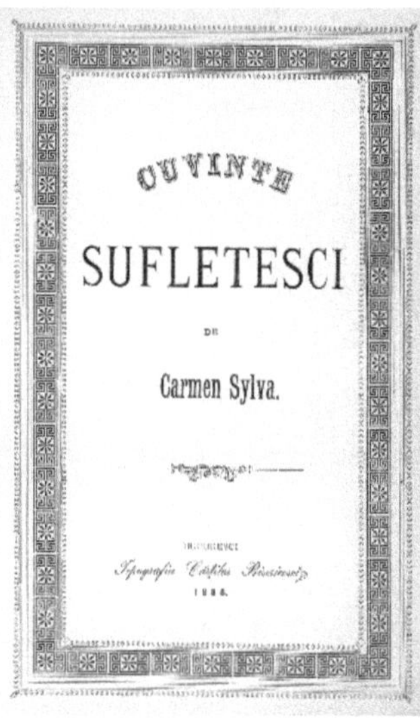

Die rumänische Erstausgabe *Cuvinte sufleteşti*,

erschienen in Bukarest im Jahr 1888.

Im Jahr 1898 erschien die zweisprachige (rumänisch-deutsche) Ausgabe: *Cuvinte sufleteşti – Seelengespräche* in der Reihe „Kleine Bibliothek Carmen Sylva" im Verlag „Institut der graphischen Künste Carol Göbl" in Bukarest, die eine Auswahl von neun Andachten enthielt:

1. Înseratul vieţii	1. Des Lebens Abend
2. Omul care e biserica lui Dumnezeu celui viu	2. Der Mensch, des lebendigen Gottes Tempel
3. Iertarea păcatelor	3. Der Sünden Vergebung
4. Suferinţă şi credinţă	4. Trübsal und Glauben
5. Credinţa în cuvântul Mântuitorului	5. Der Glaube in des Heilands Wort
6. Iubirea de Dumnezeu	6. Die Gottesliebe
7. Blândeţea, bunătatea şi răbdarea	7. Die Sanftmuth, die Güte, die Geduld
8. Răutatea vicleşugului	8. Der Falschheit Bosheit
9. Bucuria sufletească	9. Der Seele Fröhlichkeit

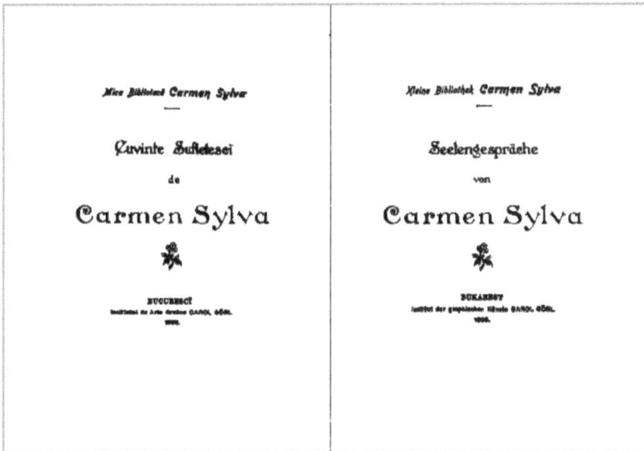

Die zweisprachige Ausgabe ausgewählter Andachten, *Cuvinte sufleteşti – Seelengespräche,* erschienen im Verlag Carol Göbl in Bukarest im Jahr 1898.

Im Jahr 1900 veröffentlichte Königin Elisabeth die erste deutsche Ausgabe ihrer Andachten unter dem Titel *Seelen-Gespräche* (bzw. *Seelengespräche*) im Verlag Emil Strauss in Bonn. Der Band umfasste alle 21 in Deutsch verfassten Andachten, die auch in der ins Rumänische übersetzten Ausgabe von 1888 enthalten sind. Im Unter-

schied zur rumänischen Ausgabe hatten die Andachten der deutschen Ausgabe von 1900 keine thematischen Titel. Stattdessen wurden hier im Inhaltsverzeichnis die in den jeweiligen Andachten Carmen Sylvas besprochenen Bibelverse aufgelistet (siehe Abb. auf Seite 260), z.B. für die erste Andacht: „Wir aber, die wir stark sind, sollen der Schwachen Gebrechlichkeit tragen und nicht Gefallen an uns selber haben." (Briefe Pauli an die Römer 15, 1.), für die zweite Andacht: „Lasset eure Lenden umgürtet sein und eure Lichter brennen." (Evangelium Lucä 12, 35.) etc.
Die deutschsprachige Ausgabe von 1900 enthielt ebenfalls eine Widmung der Königin Elisabeth an ihre Mutter:

„Diese kleinen Andachten schrieb ich für den Hausgottesdienst meiner Mutter, wenn sie nicht kräftig genug, eine wirkliche Predigt zu lesen. C.S."

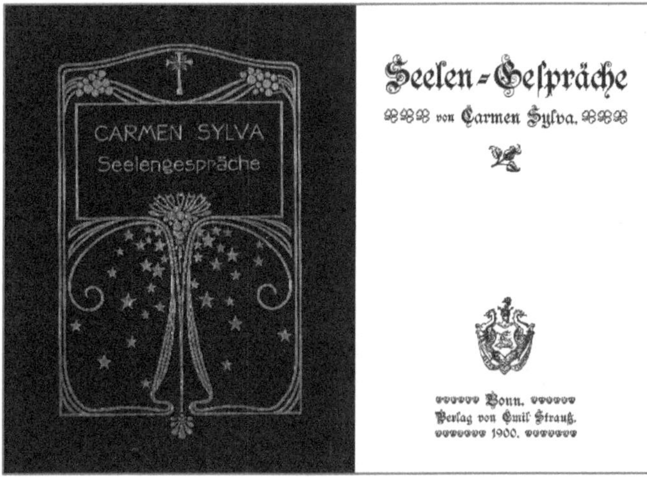

Die deutschsprachige Erstausgabe der *Seelengespräche,* erschienen im Jahr 1900 im Bonner Verlag Emil Strauss.

Inhalt.

Buchseite aus der deutschsprachigen Ausgabe der *Seelengespräche* von 1900 mit den im Inhaltsverzeichnis zitierten Bibelversen zu den Andachten Carmen Sylvas.

Editionshinweise

Die Wiedergabe der Andachtstexte folgt nach der deutschen Erstausgabe *Seelen-Gespräche* (bzw. *Seelengespräche*) von Carmen Sylva, erschienen im Bonner Verlag Emil Strauss im Jahr 1900. Die Kapiteltitel für die jeweiligen Andachten wurden von der Herausgeberin für diese Ausgabe neu formuliert und ergänzt.

Die von Carmen Sylva zitierten Bibelverse entsprechen einer älteren Lutherübersetzung (vermutlich von 1832) und wurden wie im Originaltext Carmen Sylvas unverändert übernommen. Da die späteren und aktuellen Bibelausgaben aufgrund mehrerer Revisionen der überlieferten Bibeltexte und Übersetzungen ins Deutsche durch die Katholische und Evangelische Kirche im Laufe der Jahrhunderte überarbeitet und an

den Sprachgebrauch der jeweiligen Zeit angepasst wurden, sind in neueren Ausgaben der Bibel (z.B. Einheitsbibel von 1972/1974, Revision von 1979/1980 und überarbeitet 2016 oder die Lutherbibel von 2017 der Deutschen Bibelgesellschaft[28]) stellenweise Abweichungen im Wortlaut von den von Carmen Sylva zitierten älteren Bibelversen vorhanden.
Die alte Rechtschreibung wurde behutsam an die neue angepasst, grundsätzlich aber Carmen Sylvas eigene Ausdrucksweise unverändert übernommen und textgetreu beibehalten, um den Charakter der Sprache der Autorin unangetastet zu lassen. Eine Ausnahme stellt der Begriff „Weib“ dar, den Carmen Sylva z.B. in der 11. Andacht im Bibelvers nach einer der früheren Bibelausgaben in Luthers Übersetzung ins Deutsche übernimmt: *„Wie die Sonne, wenn sie aufge-*

---

[28] Die Bibelversionen sind auch im Internet abrufbar: https://www.die-bibel.de (abgerufen am 23.08.2019).

gangen ist, in dem hohen Himmel des Herrn eine Zierde ist: also ist ein tugendsam Weib eine Zierde in ihrem Hause.“ (Sir 26,21)[29]. Auch in ihren Andachten wird der Begriff „Weib“ durchaus nicht abschätzig verwendet, sondern, wie zu ihrer Zeit üblich, als Bezeichnung für die erwachsene Frau. Da das Wort „Weib“ im heutigen Sprachgebrauch eine weitgehend pejorative Bedeutung hat, wurde es in der vorliegenden Leseausgabe durch den heute gebräuchlichen, wertneutraleren Begriff „Frau“ ersetzt, wie dies auch in der Einheitsübersetzung (2016) der heutigen Bibel verwendet wird.

---

[29] Carmen Sylva: *Seelengespräche* (1900), S. 67. Vgl.: *Die Andachts-Bibel oder die ganze Heilige Schrift alten und neuen Testaments nach der deutschen Übersetzung Dr Martin Luthers*, Hildburghausen, Amsterdam, New York: Druck und Verlag vom Bibliographischen Instituts, 1837, S. 839.

Bildnachweise:

Originalausgaben Carmen Sylvas: S. 261, 263, 265 und 266: Privatsammlung Silvia Irina Zimmermann.

Fotografien: S. 256-258: Buchdruck in: *Castel Peleş 1883-1933*, Bucureşti, 1933; S. 260: Privatsammlung Silvia Irina Zimmermann.

Coverbild und S. 6: Buchdruck in: Mite Kremnitz, *Carmen Sylva. Ein Lebensbild,* Leipzig, Haberland, o.J. [1903]); Umschlaggestaltung: Silvia Irina Zimmermann.

Danksagung

Für die Unterstützung des Buchprojekts und die Drucklegung dieser Leseausgabe danke ich dem Ibidem-Verlag und besonders Herrn Christian Schön und Frau Valerie Lange.

Für das schöne Geschenk der deutschsprachigen Erstausgabe der *Seelengespräche* Carmen Sylvas, die zahlreichen gemeinsamen Gespräche, die wertvollen Anregungen, das Korrekturlesen dieser Leseausgabe und vor allem für seine Liebe und sein Dasein danke ich von ganzem Herzen meinem Ehemann Kai-Otto Zimmermann.

Silvia Irina Zimmermann

Mannheim, im November 2019

Silvia Irina Zimmermann

UNTERSCHIEDLICHE WEGE, DASSELBE IDEAL

Das Königsbild im Werk Carmen Sylvas und in Fotografien des Fürstlich Wiedischen Archivs

348 Seiten, Paperback, € 39,90
ISBN 978-3-8382-0655-4

Silvia Irina Zimmermann, Edda Binder-Iijima (Hg.)

"ICH WERDE NOCH VIELES ANBAHNEN"

Carmen Sylva, die Schriftstellerin und erste Königin von Rumänien im Kontext ihrer Zeit

272 Seiten, Paperback, € 34,90
ISBN 978-3-8382-0564-9

Silvia Irina Zimmermann, Edda Binder-Iijima (Hg.)

DAS ERSTE KÖNIGSPAAR VON RUMÄNIEN CAROL I. UND ELISABETA

Aspekte monarchischer Legitimation im Spiegel kulturpolitischer Symbolhandlungen

192 Seiten, Paperback, € 29,90
ISBN 978-3-8382-0755-1

Schriftenreihe der Forschungsstelle Carmen Sylva Fürstlich Wiedisches Archiv

Silvia Irina Zimmermann

"DIE FEDER IN DER HAND BIN ICH EINE GANZ ANDRE PERSON": CARMEN SYLVA

(1843-1916). Leben und Werk

436 Seiten, Paperback, € 45,90
ISBN 978-3-8382-0815-2

Silvia Irina Zimmermann (Hg.)

THE CHILD OF THE SUN

Royal Fairy Tales and Essays by the Queens of Romania,
Elisabeth (Carmen Sylva, 1843–1916)
and Marie (1875–1938)

320 Seiten, Paperback, € 39,90
ISBN 978-3-8382-1393-4

Die Schriftenreihe versteht sich als Publikationsforum der Forschungsstelle Carmen Sylva des Fürstlich Wiedischen Archivs Neuwied mit dem Ziel, die wissenschaftliche Beschäftigung mit Elisabeth zu Wied, der ersten Königin von Rumänien und Schriftstellerin Carmen Sylva - mit ihrem Leben, ihrem schriftstellerischen Werk und ihrer Wirkung im interkulturellen Kontext ihrer Zeit - zu fördern. Die Bände der Forschungsstelle Carmen Sylva, die in loser Reihenfolge erscheinen, sollen neue Brücken in der interdisziplinären und interkulturellen Carmen-Sylva-Forschung schlagen und die Forschungsergebnisse einer interessierten Öffentlichkeit zugänglich machen.

Herausgeberinnen: Dr. Silvia Irina Zimmermann, Dr. Edda Binder-Iijima

---

Bleiben Sie auf dem Laufenden und abonnieren Sie den Newsletter der Forschungsstelle Carmen Sylva unter:
www.carmensylva-fwa.de

Carmen Sylva

GEDANKEN EINER KÖNIGIN

Ausgewählte Aphorismen der Königin Elisabeth von Rumänien, geborene Prinzessin zu Wied (1843-1916)

186 Seiten, Paperback, € 24,90
ISBN 978-3-8382-0375-1

Carmen Sylva

PELESCH-MÄRCHEN

Herausgegeben und mit einem Nachwort versehen von Silvia Irina Zimmermann

274 Seiten, Paperback, € 24,90
ISBN 978-3-8382-0465-9

Carmen Sylva

PRINZ WALDVOGEL

Ausgewählte Märchen der Elisabeth zu Wied, Königin von Rumänien (1843-1916)

292 Seiten, Paperback, € 24,90
ISBN 978-3-8382-0818-3

Mehr aus Carmen Sylvas Königreich

Edition Noëma
Melchiorstr. 15
D-70439 Stuttgart

info@edition-noema.de

www.edition-noema.de
www.autorenbetreuung.de